生命：一半的智慧是懒惰

韩川 著

群众出版社
·北 京·

图书在版编目（CIP）数据

生命：一半的智慧是懒惰 / 韩川著．—2 版．—北京：群众出版社，2012.11

ISBN 978-7-5014-5059-6

Ⅰ．①生…　Ⅱ．①韩…　Ⅲ．①生活方式—通俗读物　Ⅳ．①C913.3-49

中国版本图书馆 CIP 数据核字（2012）第 253775 号

生命：一半的智慧是懒惰

韩　川　著

出版发行：群众出版社
地　　址：北京市西城区木樨地南里
邮政编码：100038
经　　销：新华书店
印　　刷：北京通天印刷有限责任公司

版　　次：2012 年 12 月第 2 版
印　　次：2012 年 12 月第 2 次
印　　张：14.5
开　　本：787 毫米×1092 毫米　1/16
字　　数：150 千字

书　　号：ISBN 978-7-5014-5059-6
定　　价：35.00 元

网　　址：www.qzcbs.com
电子邮箱：qzcbs@163.com

营销中心电话：010-83903254
读者服务部电话（门市）：010-83903257
警官读者俱乐部电话（网购、邮购）：010-83903253
文艺分社电话：010-83901330　　010-83903973

第一章　生命来自能量

如果要人为延缓生命终结的进程，并不是依靠某种特效药或者什么神水，而主要取决于生活方式是否“节能”。

你是否也经历过这样的事：两个人在一起庆祝同一年龄的生日，但却给了人们这样一个印象：他们二人之间相差有好几岁，甚至相差几十岁。其中一个人还能感觉到青春的热情，而另一个人似乎已经年老体衰了。在生物学上也有类似的情况：同一年龄的生日远不意味着同样的生命年龄。生物学上的实际年龄并不绝对等于所生活过的年份数量。

一、能量决定寿命的长短

能量是什么？能否让人保持年轻？寿命依赖于什么？寿命的长短取决于基因吗？

生命的衰老是一个既复杂又正常的不可逆转的生物学过程。不过，如果你认为人的长寿和人体的老化是一回事儿的话，那你就大错特错了！长寿是可以被人为控制的，寿命的长短取决于人自身的很多主观因素，寿命的长短意味着一个人直到人生的尽头，能否保持身体的健美和精力的充沛。

据说长寿老人李青云生于1677年，死于1933年，寿命长达256年——这可真是一个奇迹！据说在1777年，他100岁高龄时，还因为在中医方面的成就而获得清政府的嘉奖。他先后娶过24位妻子，儿孙满堂。他曾经对自己长寿的原因进行总结：一是素食；二是内心平静、开朗；三是常饮枸杞水。

人体的老化却是另外一回事。老化意味着衰老，让人有明日黄花的感觉，让人内心不舒服。不过，人体老化的过程也一样可以被人为推迟。下面，我们会向你介绍一些有关人体寿命和老化的秘密，揭示关于能量的真相。在我们的生命长河里，尽管我们每一天、每一分钟都在朝前走，我们的生物钟不能往回拨，但是，我们可以想办法让生命的时钟能够尽量走得缓慢一些。

现代科学的发展，也使我们能够进一步了解到人体的老化规律，以及影响人体老化的各种因素。对于生命老化的规律，我们了解得越多，就越能够对生命老化进行有意识的控制，延缓我们衰老的进程。

二、揭开衰老的秘密

人体为什么会衰老？关于这个问题，有如下理论：

第一种是器官理论。这一理论认为，人体的一些器官系统，像免疫系统或者激素系统，会随着功能的日益衰退而老化。而生命死亡的时刻，又取决于人体最衰弱的器官。

第二种是磨损理论。这一理论认为，人体各器官以及肌肉，如同机器的零件，在使用的过程中必然会日益磨损，最终用坏，所以就导致了人体的老化和死亡。

第三种是修复理论。这一理论认为，在人体中含有酶，酶是一种有用的物质，它可以对人体的细胞进行修复。不过，酶的工作效率，会随着人体的老化而减少，修复功能自然越来越差。于是，人体细胞中的基因就会有越来越多的错误，最终使细胞的功能受到影响和改变。

第四种是失误理论。这一理论认为，在人体的细胞中，酶的含量在不断减少，酶修复细胞的功能也在不断减弱，最终使得人体内部的物质交换功能产生混乱。

第五种是灾难理论。这个理论比失误论更进一步。此理论认为，由于老化的个体基因和人体生命物质合成中的错误信息不断增加，最终产生的错误信息远远超过人体能够修复的能力和能够忍受的限度，于是导致了人体的老化和死亡。

第六种是自由基理论。这一理论认为，人体的细胞之所以会老化，那是由于细胞的呼吸作用。细胞在获得能量的同时，也会形成自由基。自由基是一种能够影响人体衰老的氧化物，自由基能影响到细胞的结构、细胞内所含的蛋白质，甚至对人体的基因也会产生影响，从而使细胞受到破坏并且丧失功能。

第七种是胶原网络化理论。这一理论认为，人体胶原这种物质类似于支撑物。随着人的寿命不断增加，人体胶原会逐渐累积，并且产生横向网络，最终导致人体的衰老。同时，在人体内部结构的一些大分子中，如遗传物质和蛋白质分子，也同样存在，而正是由于它们的存在，最终导致这些细胞分子的死亡。

第八种是程序理论。这一理论认为，人体衰老的过程源于遗传方面的原因；或者是随着人年龄的增长，导致人体内部的老化基因逐渐活跃；或者是由于人体内部的长寿基因随着时间的流逝而逐渐丧失的原因。

第九种是端粒理论。所谓端粒，就是染色体短短的端部，它是基因的载体。这一理论认为，当端粒缩短后的长度短于临界长度时，细胞就会失去分裂的能力。于是，在细胞分裂中的一个重要步骤，即把基因分配给两个子细胞的能力就丧失了。

其实，上面这些理论基本上都是正确的，因为人体衰老是一个很复杂的过程，而这些理论都在某种程度上描述了这个过程的某一个方面。现在，我们再介绍另外一个比较重要的理论——新陈代谢理论。与其他被用来解决衰老的方法相比较，新陈代谢理论在实践中，显得更加简洁，而更经济划算。实际上，这一理论是其他所有理论的集大成，它将其他理论的核心，都统一于一个简单的理论之中。这个理论认为，人体内部的生物时钟，并不是按照我们已知的时间单位——小时、天、年来运行的，而是按照一定的能量、心律或者呼吸次数来运行的。而地球上的每个生命体在降临到世上时，都带着一定的生命能量。当这些先天带来的生命能量被消耗掉以后，生命自然就走向了终结。如果要人为延缓生命终结的进程，并不是依靠某种特效药或者什么神水，而主要取决于生活方式是否“节能”。在人体的内部，生命的时钟走得越慢，人活的时间就会越长。所以，事实上，每一个人的青春活力，都掌握在自己的手中！

三、能量推动生命的步伐

是的，生命的时钟走得越慢，人就活得越长。这听起来似乎很荒谬，但事实正是如此——在地球上，只有那些什么事情都不做的动物，活的时间才是最长的，尤其是自然界中那些懒惰的爬行动物，例如乌龟，它们每天的大部分时间，基本上都是在懒洋洋地“躺着”晒太阳。除此以外，它们看上去再也没有别的事情可干。不过，也正因为如此，这些动物才能长寿。像生活在塞舌尔群岛上的象龟，它们的寿命长达180年之久；生活在加拉帕戈斯群岛上的象龟，甚至可以存活250年之久。至于喙头蜥和尼罗河鳄鱼，基本上都可以轻轻松松地活到100多岁。这些动物为什么长寿？是它们的身体内部携带有神秘的长寿基因吗？还是它们的衰老过程不同于其他生物？接下来，在后面的篇章中我们会介绍，这些动物之所以长寿，主要原因在于它们的大小和“懒惰”的生活方式。

乌龟绝对是一种“慢性子”的动物。你要是想和乌龟比赛一下速度，保准你会急死的！不过，你可别小瞧它那慢腾腾的劲儿，这种动物可是绝对的长寿——活100年以上的乌龟比比皆是！科学家推测，这大概与它们“慢腾腾”的生活方式有关吧！

在18世纪时，专门研究生命衰老的科学家就已经发现，在自然界中，那些显得“忙忙碌碌”的动物，完全不如“懒惰”的动物那么长寿。1908年，德国生理学家马克斯·鲁布讷在他的著作《寿命以及它与成长和营养的关系》（德国奥尔登堡出版社，慕尼黑、柏林，1908年）中提到：“自然界中的所有动物，当能量消耗到一定程度之后，其成长的阶段也就完成了。”所以，被用来衡量生命进程的标准和尺度是能量。

长期以来，德国法兰克福大学的代谢生理学研究所中的代谢生理学家罗兰德·普林钦格一直都在从事一项非常基础的研究工作，那就是关于生命代谢的理论，而且他找到了非常重要的证据，使这一理论的正确性得以被证实。

普林钦格的主要研究对象是鸟类。对科学家来说，鸟类是用来研究生命老化问题最理想的对象。在研究过程中，科学家们搜集到大量的数据，用来证明鸟类能够存活的寿命。因为与其他动物相比，鸟类更容易被饲养，不仅在动物园里，即使在家里也很容易被饲养在笼子里。所以，科学家们对饲养鸟的寿命长短的研究可能是最深入的。

人就如同一部不停运转着的机器。在生命的过程——呼吸、跑步、说话、消化中，能量被不停地转化。在这个过程中，人体就会逐渐“磨损”。所以，人体就和机器一样，活得越“经济”，“磨损”越轻，能量消耗越少，维持健康的时间自然也就越长。

同时，人类在世界范围内所从事的保护鸟类的工作，也为我们提供了大量最好的关于鸟类在自然条件下所能存活的寿命长短的材料。另外，我们也听说，鸟类的机体老化的原理，其实与人体是一样的道理。在鸟类的身上，同样呈现出人类衰老的迹象，例如在衰老的过程中，会出现心脏和血液循环方面的疾病，可能会患上高血压、癌症，皮肤上会出现皱纹，等等。所以，从科学家们在鸟类身上所获得的研究成果，完全可以得出与人类衰老相关的命题。

在动物和人的整体活动中，有界限分明的三个阶段：

第一是胚胎发育阶段，即生命体的器官在形成和成熟期，存在于母体子宫或者卵内的这段时间；

第二是个体发育阶段，即生命体从最初离开母体，或者从卵中孵化出来，开始生长发育的这段时间；

第三是成熟阶段，即生命体从完全发育成熟后，直到生命体最终死亡的这段时间。

每一阶段都是连续性的，其进程如同时钟一样精确，并且不具有丝毫的随意性。这也是生物发展过程中所特有的生命现象，每一个阶段对任何人、任何生命来说，都是必不可少的。

曾经在很漫长的时间中，人们并不清楚生命体如何“知道”每一个新阶段是从什么时候开始的，生命体内的“计数器”究竟在什么地方。

直到普林钦格教授通过鸟类，才对生命体发展进程中的这三个阶段，对生命体的全过程，以及对生命过程中的代谢平衡，作了非常详细的研究。研究表明，在生命的过程中，不论是呼吸，还是心脏的跳动、肠胃的消化，等等，都需要消耗能量。而这些能量，产生于机体的内部。生命体吸收进入体内的各种营养成分，在大量消耗氧气的同时被加热，并被转换成能量单位。能量才能够对生命体进行驱动，也使得生命进程中的种种现象成为可能。人们将这整个的过程称为代谢。这种代谢，在每个人和每种动物的机体中，都是按照相同的规律和机制来进行的。

这个过程，类似于通过汽油的燃烧而使得汽车能够向前行驶一样。今天，利用一种复杂的测量方法，我们可以测量出身体内部所消耗的能量。

四、有的人为什么会长寿？

普林钦格教授对鸟类在每一个发展阶段中所消耗的能量进行了详细的研究，并且发现，决定生命体年龄的，并不是生命体所存活的天数或者年数，而取决于能量的消耗。生命体“工作”得越多，在生物学方面就表现得越老。所以，所谓的生日，只不过是被用来衡量一个人存活的标准和尺度，只有人体所消耗掉的能量，才能决定其真正的年龄。

1. 鸟儿的种类不一样，其在每一个发展阶段中所需要的时间也不一样。例如：梅花雀孵卵的时间大约是10天左右，经过10天，雏鸟就破卵而出。可是，生活在新西兰的无翼鸟，其卵的孵化时间却需要90多天。有的小型鸟类在幼年的生长发育阶段中，只需要20天左右的时间，可是，像王信天翁这样的小型鸟类，在幼年的生长发育阶段中，却需要300天左右的时间。鸺鹠的成年阶段大约只有几年的时间，然而一些大型的隼、鸦以及鹦鹉的成年阶段，大约长达80~100年。

2. 鸟儿在不同发展阶段中所需要的时间长短，与它们的体重也密切相关。大型的鸟类在各个发展阶段，都比小型鸟类需要更多的时间，而大型鸟类的寿命，显然也普遍比小型鸟类长。

3. 鸟儿在不同发展阶段中的其他一些特性，也显然与鸟儿的大小有一定关系。鸟儿的身体越重，体形越大，其生命体的代谢就越慢，或者说越“懒”，其生命的发展进程也相对较慢。用来衡量这一点的尺度详见下面的代谢率表。

不同生物的代谢率和重量（代谢率的单位是焦耳/克×小时）

动物	体重	代谢率（生活过程速度单位）
蜂鸟	2克	200

续表

动物	体重	代谢率（生活过程速度单位）
雀	20克	66
小老鼠	40克	34
大老鼠	200克	20
犬	15千克	7.2
母牛	800千克	2.4
象	7吨	1.4
蓝鲸	170吨	0.3

科学家们发现，每一个生命体的代谢速度，决定着该生命体能够存活的寿命以及老化的进程。生命体的生活节奏越慢，其生物结构的磨损也就越慢。这一规律，不仅对动物来说是这样的，即使对人来说也同样如此。

4. 在生命进程的每一个阶段，当能量被消耗到一定的程度之后，就意味着下一个新阶段的开始。生命体正是通过能量的消耗，获得了在什么时候要开始一个新的发展阶段的信息。

科学家通过对900多种鸟类的研究，得以证明，不论鸟儿的孵卵期是多少天，只要它们按单位质量消耗了一定数量的能量，即相同的能量之后——每千克大约需要2千焦的能量（每1克糖大约含有20千焦的能量，所以，我们可以通过对比知道2千焦能量大概是多少），鸟儿就会被孵化出来。

蜂鸟是一种小巧而迷人的鸟儿。虽然它的体重很小，可是它体内代谢的速度却很快。所以，与鹰、隼、鹦鹉这样的大型鸟类相比，蜂鸟的平均寿命极其短暂。

鸟儿从孵化出来那刻开始，到它们学会了飞翔为止，这一规律也同样适用。不论是对于体重约 20 克、生长发育期约 15 天的离巢鸟——红胸鸲，还是对于体重约 15 千克、生长发育期约 120 天的留巢鸟——疣鼻天鹅，它们总是要在每克身体的质量消耗了大约 20 千焦能量的时候，才会结束生长发育期并进入成熟期。其成长阶段也是一样的道理。

所以，对任何一个生命体来说，生活得越“懒散”，能量的消耗就越少，寿命自然也就越长。

假如我们对鸟类在一生中，其每克重量的能量总转换量作一下研究，并将这一数值与鸟儿的寿命进行联系对比，我们就能得到一个非常让人意外的结果：所有鸟类，不论是什么种类的鸟儿，其在一生之中，每克重量所消耗的能量，大约都是相同的——约 2500 千焦。

如果按照能量单位进行计算的话，所有鸟儿的寿命都应该是相同的。这也就是说，从生理学上看，所有鸟儿的老化都是一样的。一只鹪鹩在 4 年的存活期中，与一只灰鹦鹉在 80 年的存活期中，所消耗的能量是一样多的。

而不同鸟儿寿命的区别，仅仅在人类使用其他测量工具——时钟或者日历时，才能产生。

所以，我们似乎可以得出这样一个结论：一个生命体的体重越重，其机体的代谢率也就越低，机体中的生命进程也就越慢，动物的衰老速度就越加变慢。例如：体重约五六克的戴菊鸟，在有利的环境中，可以存活五六年，而一些大型鸟类，却能存活50～80年。

在大型鸟类中，隼、鸦、鹦鹉这样的鸟又是最长寿的。因为它们的生活方式通常都特别“安静”，所以其机体的代谢率也就特别低。

因此，一个生命体的体重越轻，消耗的能量就越多，“磨损”就越快，也就越短命。这是关于生命是否长寿的最让人吃惊的秘密！

五、生命为何会“报废”？

单纯从生物学的角度看，衰老是来自机体“磨损”的一种非常自然的现象。任何一个生命体，在经过或长或短的时间以后，都必然会面对机体的“磨损”，所以生命体的老化是不可避免的。当“磨损”达到一定的程度之后，生命体也就“死亡”了。对于“磨损”理论，似乎每一个外行都能够理解，而且许多科学家也支持这一理论。同时，这个理论也很容易被人理解。因为它通过一种理想的方式证明，虽然人对衰老的现象原本外行，然而观察却是正确的，如脸上的皱纹、头上的白发，体力下降，等等，这些都源于身体似乎经受着一种无情的“磨损”。

我们几乎每个人都能够看到，衰老其实就是一种磨损的过程。为什么有的人比别人“磨损”得更快呢？代谢理论对这一点做出了解释。

人体的变老可能与能量的消耗存在着某种联系，不过对大多数人来说，这一说法却又显得那么陌生。

从技术上说，像机器、飞机、汽车的使用寿命，并不是用天、月、年来测量的，而是根据它们所创造的效益来衡量的。人们对这一点早已司空见惯。有一些汽车的保养时间，是通过车上的计算机装置来决定的。例如：飞机上的计算机装置，可以准确测量出飞机的加速度、飞行的速度、消耗的功率，等等，并自动根据这些数据计算出飞机所需要的保养时间，而不是单纯地根据飞机飞行的公里数来计算的。在相同的保养间隔中，不同的飞机飞行的公里数很有可能是不一样的。

一辆在高速公路上行驶了大约10万公里的汽车，与那些在城市道路交通中仅仅行驶了两万公里的小轿车相比，可能要“年轻”得多。对飞机来说，这种用来决定飞机老化程度的方法，在很长时期内都是很平常的。我们询问一个物体或者一个生命有机体做了多少“工作”，可能比询问它们已经存在了多少年更符合老化的逻辑。

人体其实就像汽车一样，生活的速度越快，效率越高，磨损也就会越大。

某件物体能够被使用多长时间，是在这个物体“产生”之时，由其材料的质量来决定的。物体的材料可以决定它最多能做多少“功”，能够消耗多少“能”。我们只要想一想像洗衣机、洗碗机或者吸尘器这样的家用电器，就能够明白这一点。在我们的日常生活中，没有任何一件日常用品是可以“永生”——无限期使用的。对生命体来说，同样如此。

每个生命体来到这个世界上时，都携带着一定的能量储备。当生命体一旦降生，其生命的时钟就开始走动。直到生命体中的能量由于有机体做功而转化耗尽时，生命的时钟才会停止转动。当然，事故或者重病被排除在外。而这些能量，还决定了生物结构的使用时间长短。如果所有的能量都在生命进程中被消耗完了，死亡也就来临了。所以，人体实际上就是带有保质期的一次性产品。

在生命体内，生命进程的速度决定着一个生命机体将会有多老，生命体的磨损会有多快。

所以，如果可以的话，就请暂时忘记你的出生日期吧，出生日期完全不能说明你的真正年龄。建议你多看一看自己的身体是否已经出现了过度磨损的现象。如果生命体过度磨损，就要马上节省能量。只有这样，你的生命时钟的指针，才会长期保持在“年轻”的位置上。

所以，不要再掰着手指头数你的年龄，因为这根本就不重要。遗憾的是，人们并不能像计算已经过了多少年那样方便地计算出身体所消耗的能量。不过，每一个人对自己的身体都是应该有感觉的。如果你感觉到自己充满活力，而且浑身都有使不完的劲儿，那么你对于自身能量消耗的估计也会是正确的。如果你感觉浑身疲惫乏力，出现病痛，那就意味着你需要重新调整自己对体内的能量消耗。

在接下来的篇章中，我们会更详细地谈到这方面的内容。

此外，代谢的速度，即代谢率，是一个具有“个性”的数值，它会受到如下几方面因素的影响：

首先，来自基因的影响。基因决定着每一个生命体的基本参数。生命进程的速度就是在这个参数范围内运动变化的。

其次，来自生活方式的影响。生活方式决定着每一个人的生活速度；生活的速度越快，消耗的能量越多，机体的磨损自然就越快；生活的速度越慢，消耗的能量越少，机体的磨损也就越慢。

最后，来自健康状况的影响。有一些人体疾病可以令生命体代谢的速度加快，像甲状腺疾病；有一些疾病可以令生命体代谢的速度变缓，如精神疾病、卧床不起、坐轮椅，等等。通过这些不同的情况，我们可以得出每个人不同的死亡时间。

六、衰老是不可逆转的

从原则上说，在每一个人的身上，或者在每一个生命体中，都蕴藏着极大的潜力——能达到生物学中的最高年龄。

如果我们不用天数或者年数来看待生命体，而用能量的消耗程度来看待它，那么，我们会得到一个非常惊人的结果：在每个生命体中，都拥有每克体重大约2500千焦的能量，这些能量都是用于生命体的日常生活的。如果这些能量被消耗完了，那么生命自然就终结了。如果用正确的单位来测量，我们会发现，所有人和动物的寿命，其实都是一样长的，也就是说，不论人还是别的动物，都会一直生活到能量被消耗完为止。根据科学家们的统计，这个期限大约在110～125年之间。

这个数值很可能在几千年来都一直没有变化过，并且不受人的活动的影响——当然，和生物学中的任何参数一样，其中也可能存在着某些例外。正因为如此，生命体能够支配的能量储备究竟意味着什么，我们可以通过方糖进行形象而概括的说明。对任何一个生命体来说，当每克身体质量大约转换了35块方糖的能量单位（每克约2500千焦）之后，生命自然也就终结了。

所以，你可以通过以下两方面来保持年轻：

首先，你生来就拥有良好的基因，拥有一个“高质量”的身体。

其次，你能够掌握生命的节律，能够节省身体的能量，并且能够按照正确的速度生活。对自然界中的绝大多数动物和人类来说，这都是适用的，而且它是由大自然规定的。

这就犹如一辆汽车，其使用寿命一方面取决于汽车的型号，例如用昂贵材料制造的豪华型汽车，其使用寿命远远比廉价便宜的汽车的使用寿命长。其次，汽车行驶的公里数、汽车行驶的方式，也决定着汽车的磨损速度和磨损程度。

人类对寿命的这一认识，如今可以被换算成人体的直观参数：人体的每一个生命过程都需要消耗能量，如肠胃消化、心跳、呼吸，或者像快乐、悲伤这样的情绪波动。总的来说，人体的一切生命表现，都需要有能够驱动这些生命表现，并使这些生命表现成为可能的力。而这种力，是生命体中固有的性质，其“质量”在生命体诞生之时就已经被确定了。所以，任何一个生命体，一旦使其体内的生物学结构，或者说使其身体紧张起来，其生命能量的消耗，肯定比那些爱惜生命能量资源的人消耗得更快。

就和汽车一样，能量的消耗是与身体的活动密切相关的。

人在睡眠周期中需要的能量消耗

睡眠周期	呼吸周期	肠的收缩	心跳	睫毛眨动	能量转换
1次	2亿次	3亿次	110亿次	200亿次	2 500卡/克

在上面的表格中，我们能看到，人在一次睡眠周期中所需要的呼吸次数、心跳次数等。在通常情况下，这些数值都是相对稳定的，而且它们标志着最长寿命的终点。生命体的每一次活动，都与人体各器官相应的活动次数有关，而人体内的每个

生命过程，其活动的次数都是有极限的。

1. 请思考一下，在你激动、恐惧或者过度体育活动之后，你呼吸了多少次？

2. 请注意一下，在你紧张的时候，你有多少次多余的肌肉运动？眼睫毛眨动了多少次？

3. 请想一想，没有节制的饮食，让你的肠胃额外工作了多少次？增加了多少负担？

4. 请想一想，在你戒烟、戒酒，以及避免了有害物质的侵袭后，身体节省了多少能量进行排毒工作？

5. 请思考一下，睡眠其实并不是在浪费时间，而是在节省生命的能量。

通过以上五点，我们完全可以意识到，一个人的生活方式，在其生命的衰老进程中，到底会产生多大的影响。

每个人寿命的长短，都可以直观地通过体内生理过程中的数量来表达。在人体内部，每次生命过程中的相应数值，都可以用数字来表示。要知道，在生命体内，没有任何一次生命过程，可以被无限度地反复使用或者反复进行。

总的来说，就像在驾驶汽车的时候，你不能把油箱中的油一次性全部用光一样，在生命的进程中，你也一样需要有节制地使用“生命之水”。所以，为了延长寿命，你并不需要依靠昂贵的药丸或者药粒，你唯一需要的就是调整生活方式，尽可能地使你的生活方式能够“节省能量”。“节能”的生活方式并不复杂，相反，它既简单，又经济实惠。这样过了一段时间以后，你体内的生物节律自然就会慢下来。自然，你也将会有更长的时间维持生命的年轻与活力，并且使寿命得以延长。每个人的生活方式都取决于自己，所以其实每个人的生命时钟，都是由自己来决定的。事实上，通过恰当的生活方式，减缓并延迟衰老的速度，这是每一个人都可以做到的。当你体内的生物时钟慢下来以后，你不仅会感觉年轻，看起来年轻，同时健康和体质也会得以增强。只要你在生活的旅途中不是匆匆忙忙的，你对疾病的抵抗能力自然也会提高。长寿的最好方法就是谨慎地使用自己的生命资源，所以，如果你想长寿，就请好好利用自己的生命和青春之泉！

七、长寿其实很简单

在全世界，对寿命期望最高的人可能是日本人。日本人不论男女，他们目前的平均寿命大约是79.6岁。德国人的平均寿命是76.2岁，在全世界排第二位。人们对寿命的平均期望值，与生物学上可能达到的最高年龄是不一样的，它取决于一个国家的生活条件。世界上的百岁老人俱乐部，也是根据这一原则组成的。而在这一方面，德国人要占第一位。在德国，每百万公民中，就有45位百岁老人。日本人则位于第二位。在日本，每百万公民中，有28位百岁老人。所以，在全世界，长寿条件最好的地方是德国。如果你想长寿，就千万不要过度损耗能量，不要白白浪费这种长寿的生活优势。

一般来说，人们对寿命的平均期望值取决于生活和居住的地方。不过，即使生活条件再优越，忙碌的生活方式，也照样会使长寿的可能性最终化为乌有。

如果你向那些百岁老人打听关于长寿的秘密，你会发现，他们每个人都有自己的“窍门”。

阿根廷的一位名叫阿尔曼多·弗里德的老人，出生在别德马（阿根廷中南部城市），去世的时候142岁。在他100多年的岁月中，大多数时间都在从事艰苦的田间劳作。他经常吃牛排，喝一种深受高乔人（拉丁美洲民族之一）喜爱的苦茶。

威尔士人约翰·埃文斯于1990年6月10日在英格兰的斯旺西去世，享年114岁。他曾经是一名矿工。他认为，自己的长寿主要来源于健康的生活方式。他从不吸烟、喝酒，也不赌博，而且从来没有骂过别人。每天早晨，他都要坚持喝一杯用蜂蜜兑的温开水。

另外还有一位名叫镰户本子的日本老太太也很长寿，她在1999年去世，去世的时候是112岁。不过，对于她的生活方式，人们并不是很清楚。

1997年，中国老人龚雷发度过了他146岁的生日。他的身体很健康。每天，他都会喝一点儿米酒，令人惊讶的是他还要吸烟。

上述这些超级长寿的老人，他们对于长寿都有自己的解释。总的来说，每个人的情况都不一样，基因不同，衰老的情况也会不一样。

在美国，1971 年，130 岁的西尔威斯特·斯莱夫·马吉去世。他于 1841 年出生于北卡罗来纳州的一个种植园内，并且在种植园内做过奴隶。另一位美国黑人查利·史密斯于 1844 年 7 月 4 日出生在利比里亚，1854 年他被运送到美国做奴隶，从此在美国定居下来。他有时会吸烟，还喜欢喝威士忌。他先后娶过三个妻子，但是，他却比三位妻子都活得更久。在 1979 年他 135 岁时，还成功地动过手术。

还曾经有一位名叫让娜·卡尔芒的欧洲女性，她出生在法国南部的阿尔勒地区。1997 年，她去世时，享年 122 岁。在让娜的一生中，经历了 21 位国家总统和 3 个共和国。虽然身材瘦小，可是这位法国女人直到生命的最后一刻还充满了活力。让娜的胃口极好，从不失眠，温度和气候的变化对她几乎没有什么影响。90 岁时，她还骑自行车；110 岁时，她每天还坚持做早操，保持关节的灵活性。让娜的记忆力也很惊人，她不像许多老人那么健忘，她能清楚回忆起自己过去生活中的每一个细节。并且这位老人的机敏和幽默也让人深感意外。例如：她在 119 岁时，有一次曾经接受记者的采访。记者说希望来年还能够再看到她。这位上了年纪的老太太，立即敏捷地回答说："为什么不呢？你似乎还有工作能力。"

让娜的长寿可能与她的基因很有关系。她的父亲是在93岁时去世的，她的母亲是在86岁时去世的。除了良好的基因，可能她的生活方式也起到了重要作用。在每天的生活中，她都是从容不迫的，这是一种节能的生活方式。此外，她还爱好运动。她喜欢打猎，年轻时经常远足、打网球，尽一切努力保持身体的健康和良好的体质。她还喜欢听歌剧、看戏，而且有着非常旺盛的求知欲。她和丈夫的婚姻也很幸福美满。或许研究长寿的科学家们认为这是一个秘密，可是这位老人却说："亲爱的上帝一定没有忘记我！"

长寿，并不意味着放弃对生活的一种享受。但是，为了长寿，也不能过一种极端腐败的生活。在享受生活的同时，也要有节制，这样就能把人体内的"发动机"调整到最佳状态，并且将那些不必浪费的能量节省下来。

1965年，让娜90岁时，将自己的住宅卖给了一位公证人。这位公证人本来想占便宜，却没有想到这个法国女人能活那么长的时间，因为他每个月必须向她支付2500法郎，大约相当于800马克。结果后来，这位公证人提前去世了，公证人的子女不得不继续向这位长寿的老太太每月继续支付2500法郎。

八、生病是因为缺乏能量

代谢是使人生存的一切生命过程的总和。在代谢的过程中，人体摄入的营养物质和吸入体内的氧气，经过体内细胞一系列复杂的化学反应，最后被制造成各种各样能使生命体生存的原料。

例如：人体的温度必须是恒定的，人体内死亡的和被损坏了的细胞需要不断更新、修复，人体的血液中需要有足够的激素和信息素，人体内的废物需要不断排泄出去，人体内部的能量在不断消耗的同时也要不停地补充，等等。总的来说，人体要从简单的机体成为充满活力的人，身体就必须不断地摄入营养物质，吸入氧气。所以，人体的运行进程也就必须遵循一定的参数，像人体内各器官需要保持的温度、所需供血的血量，血量中需要有合适的酸度，人体组织中要有必需的维生素、矿物质、脂肪、糖，并且需要达到一定的浓度。如果生命的一切代谢过程有序而恰到好处，即人体内部的运动参数正确，那么人不论是肉体还是精神，都会充满活力，感到舒适，并且保持健康。

要保持这种状况，人体内部每天的能量就必须达到平衡。每一个人，只有让机体按照正确的方式运行，只有珍爱自己的机体结构，才能健康和长寿。

体内的能量不足可能会威胁到我们的生命，所以，一定要使体内的能量保持充足的状态。不管是谁，如果总是使生活速度处于极限状态，身体就会提前被磨损。反之，谁让生命以正确的“挡速”前进，谁就能长期留住青春。有三个条件决定了这一点：

第一个条件是人体需要有正确的“驱动剂”，也就是说，人如果想健康而长寿，每天每餐都要摄取合理的食物；第二个条件是人体需要有足够的氧气，只有体内的氧气充足了，人体内部的能量“燃烧”才能达到最佳状态；第三个条件是人体内部的代谢必须有序进行，有条不紊。

只要在能量的获得过程中一切顺利，人的身体就能明显地有所感觉。只要体内的能量充足，人就会有使不完的劲儿。而此时，生命的能量消耗也会处于最佳状态，这是因为人体内部的“发动机”被调整到了最佳状态。

假如人体内部的“能量工厂”在某个时候不再够用了，人体就会慢慢患上各种疾病，并且进入衰老的状态。一是因为人体内细胞的时钟走得不再准确；二是因为人体内部的个别器官的功能已经不全或者全部丧失。此时，人就会感到不舒服，而且精神紧张，可能会经常头痛或者偏头痛，体内的血流不顺畅，四肢和身体容易形成水肿，视力和听力都开始减弱，心律也会有障碍，血压会升高或者降低，神经会变得脆弱而敏感，还容易激动，精力不集中，经常头晕，肠胃消化功能减弱。

总而言之，如果解决体内能量缺乏的问题，或者如何避免体内能量的匮乏，对人的长寿，具有非常重要的意义。事实上，像这样的状况，我们每个人在日常生活中都可以调整。在后面的篇章中，我们会详细地介绍如何预防体内能量不足的问题。只要代谢的功能健全，就能保持人体的健康，并能有效地避免人体因老化而造成的磨损。所以说，代谢是保持青春的源泉。

第二章　节省能量，你就能长寿

从生物学的意义上说，人类的最高寿命并没有得到提高。这也就意味着，不管是谁，也不管是由于什么样的原因——匆匆忙忙的生活方式、无休无止的运动、高强度的运动、极为耗费能量的疾病等，其体内的能量消耗越快，寿命就会越短。

能量是大自然的青春和生命之泉。如果你想要长寿，就必须有意识地节省自己生命的能量。节省能量，你不仅能够多活几年，而且身体会更健康，面容会更年轻，感觉会更加舒适。对我们来说，这并不难。如果你渴望长寿，那么现在就开始行动吧！

一、能量——生命的发动机

实际上，人体的生物钟并不是按时间——天数或小时运行的。能量的单位——卡路里或者焦耳，才是生命的时间货币。关于这一点，不仅由科学家研究鸟类寿命的数据所证实，也由研究其他生物寿命的数据所证实。

事实上，关于生命和生命衰老的秘密，完全可以通过生物和人类的整个发展过程进行证实。这不仅对于外行来说容易理解，在没有作为依据的代谢数据的情况下也很容易理解。

像细菌、一些藻类、菌类这样的单细胞生物，当人们通过提高水温使它们的代谢速度加快时，其存活的时间会缩短一半。反之，如果对水温进行冷却，使它们的代谢速度变缓，它们存活的时间就会延长。

人们通过对黏菌（介于动物和真菌之间的一类生物）的研究发现，黏菌在“吃掉”了1000个细菌之后就会开始分裂，并形成新的一代。而黏菌的这一“食物量”，与其代谢率也是吻合的。

鱼类的寿命与其大小相比，其寿命相当长。就拿鲤鱼来说，大约可以存活70～100年。鲤鱼这种鱼类非常“懒惰”，它们有很强的能量保护意识，在水中的活动并不踊跃积极。鲟鱼据说能存活150年左右，甚至很老的鲟鱼在高龄时仍然具有繁殖能力。一般来说，在温暖的地方，生命的代谢比较快；在寒冷的地方，生命的代谢比较慢。像生活在温带海域中的角鲨，大约只能存活30年左右，而生活在寒冷海域中的鲨鱼，却能存活70年之久。在同一个动物群体之内，那些“懒散”的动物，似乎要比那些总是在不断活动的动物，活得更为长久。乌贼喜欢在水中自由自在地运动，而且极为活跃，像枪乌贼，大约就只能活6～8年。和乌贼一样，生活在池塘中的无齿蚌也是一种软体动物，大小也与乌贼差不多，但它们不像乌贼那样爱活动，它们经常待在一个地方一动不动，可是却能活20～30年。

像那些既能在水中生活，也能在陆地上爬行的两栖动物，如各种各样的蛙、蝾螈，等等，与鸟类、哺乳动物这样的温血动物相比，寿命都相当长。因为这些两栖动物也都是冷血动物，它们的体温能总是与周围环境的温度协调一致。再加上周围环境中的温度大都明显低于温血动物的体温——温血动物的体温通常是36℃～44℃之间，所以，与温血动物相比，冷血动物的代谢要慢很多。冷血动物的代谢率，大约平均是温血动物代谢率的1/10。根据粗略的计算，冷血动物的存活寿命，也正好是温血动物存活寿命的10倍。

虽然我们对两栖动物的寿命所知不多，可是有一点我们是能够确定的，那就是动物周围环境的温度，与它们的寿命之间存在着密切的关系。像热带物种的寿命，就要比寒带或者温带物种的寿命短。热带物种生活在热带地区，周围的环境温度高，这决定了生命体内的能量转换和消耗得也多。寒带物种或温带物种生活在寒带或者温带地区，周围环境的温度相比热带低，这决定了生命体内能量的转换和消耗也少。那些一年四季都生活在洞穴中的物种，其寿命的期望值可能是最高的，因为洞穴里的温度低，而且食物的供给也是有限的，像洞螈，其寿命就长达40～60年。

那些大型的、“懒惰”的动物都活得长；那些小型的、“勤快”的动物都死得早。同样，冷水也具有延长寿命的作用。

像龟、蛇、蜥蜴这些生活在陆地上的爬行动物，它们基本上都是长寿的，而且这些动物大多数都是冷血动物。它们的代谢率与哺乳动物和鸟类相比，是相当低的。它们的寿命通常都令人惊讶。例如：生活在塞舌尔群岛上的象龟，其寿命至少可以达到180岁。据有关资料记载，生活在加拉帕戈斯群岛上的象龟，有的甚至活到了250岁。这些爬行动物的寿命之所以长，在很大程度上取决于它们的活动性。那些活得最长的爬行动物，通常是体积最大的，而且是最懒的动物。不过，有一些很小型的龟的寿命也很长。像生活在希腊的陆龟，其寿命超过了100岁。生活在欧洲的水龟，至少也能活70年。

一只犬的寿命大约是15年，一只蝴蝶的生命周期只有1年左右，一头奶牛的寿命至少也是10年。

不过，与动物相比，地球上真正的老寿星是树这种植物。树也是能够代谢的，绝大多数树木的代谢原理和人类是一样的。那些不断开花、不断结果的植物，有的甚至活了几千年。世界上已知的最古老的树，可能是美国加利福尼亚地区的一株刺果松，它已经活了4600年了。不过，在1995年，曾经有报纸报道在澳大利亚的塔斯马尼亚地区，找到了一棵更古老的树——意大利松，它的树龄至少有1万年了，有的人甚至估计它的树龄有3万年。如果真是这样，那么这株意大利松恐怕就是地球上已知的最古老的有机体了。尽管在岁月的沧桑中，这些古老的树已经清晰地显示出了年代的痕迹，然而这么长的寿命毕竟还是让人震惊的。

生命代谢的基本规律是连接所有生物的一个重要环节。生命代谢的速度是用来衡量生命能量消耗的一把尺子。同样，在其中也存在着生命的计数器。

二、生命的里程是按能量计算的

科学家们通过对动物界的研究，证实了生命的代谢速率与寿命是有密切关系的。因为动物的代谢和人的代谢（个别例外，不计其中）具有一致性，所以，科学家们认为这些规律同样适用于人类。在一些生命个体中，快速代谢是由遗传决定的。不过有的时候，快速的代谢也是由生命个体自身造成的，尤其是人类。自然界中的所有物种，除了具有繁殖和对外界刺激的反应能力，还具有代谢这一特性。和前两种特性不同的是，对所有必须依靠氧气生活——呼吸空气的生物来说，代谢的规律和特性都是一样的。例如：糖在人体内部的分解方式，与糖在犬类和猫类中的分解方式完全一样。激素被合成的机制也是一样的。也就是说，在鸟类和树木之间所存在的原则性的区别，在单细胞生物和人类之间却并不存在。自然界中所有的生物机体内部都存在代谢。尽管从外在方面看，生物之间是各不相同、千差万别的，可是在生命进化的过程中，代谢的基本原理却从来没有发生过变化。

很明显，代谢是生命体内存在的一种“通用”而“保守”的系统，适合被用来作为寿命的计时器。代谢是根据能量的单位（卡路里或者焦耳）进行计数的。不过，科学家们对于机体细胞的这种计数机制，究竟是如何工作的，却并不是很清楚。

科学家们只知道，细胞可以通过被消耗掉的能量“知道”机体代谢的次数，以及机体还能再继续代谢多少次。在生命体内，有一种“细胞固有的数据库”。在这个“数据库”中，储存着可供生命体支配的最大能量，犹如电池一样。当“电池”被用完，就意味着生命也结束了。这种被耗尽能量的“电池”，也不可能再继续充电使用。所以，我们每个人，如果想活得长久，就一定要节约使用自身的能量。在后面的篇章中，我们会告诉大家如何做到这一点。

在动物界中，动物的冬眠和僵死状态，其实就是一种节能的程序，类似于人类的休假和午睡。

有的时候，小型动物可以通过在体内运行一些独特的“节能程序”克服寿命的弱势。像冬眠和僵死状态，都可以帮助它们“节能”，使它们减缓代谢的节奏。因为对生命体来说，能够延长寿命的并不在于个体的绝对大小，而是代谢的速度，这就是所谓的“懒惰”。

我们都知道，猫是一种非常喜欢睡觉的动物，尤其是在它们捕食时，更喜欢利用“假睡”对猎物进行伏击，而且猫的睡眠时间非常长。一只猫的平均寿命大约是 25 年。相比之下，狗要比猫活跃，睡眠时间也比猫少。虽然狗也要伏击猎物，但是狗并不像猫那样“假睡”。所以，一只狗的平均寿命大约只有 15 ~ 19 年，其寿命远远比猫短，尤其是那些生活在严寒地区，但却要依靠高速度的代谢适应环境的狗，就像雪橇狗一样，它们完全不同于那些生活在寒冷的洞穴中的两栖动物，它们的平均寿命，最多只有10~15岁。

在昆虫界中，同样存在类似的例子。在地球上，人们对寿命期望值最高的鳞翅目昆虫是鼠李粉蝶。这种蝶类会夏眠，而且夏眠时间会持续好几周。它也是唯一会长时间夏眠的蝶类品种。所以，作为一种“节能”的昆虫，它的寿命特别长。当然，懒惰、睡得更多以及完全不活动的动物往往都长寿，但这也同样适用于人类吗？

三、延长寿命并不是一个梦

如同我们在前面所讲述的，从生物学的角度来说，人类的最高年龄平均可以达到120岁。所以，人类是属于一种比较长寿的生物。可是事实上，能活到120岁的人实在太少太少了，绝大多数人都会在120岁到来之前，提前死去，而且每个人死亡的时间都是不一样的。

如果除去那些因为事故而丧生的人，或者因为重病而死亡的人，就能够得到一幅由生命最后的享年岁数组成的图表。虽然人类在生物学上的最高年龄平均在120岁左右，然而，人活得并不是一样长久的。和动物一样，这同样是能量平衡的结果。有一些例子，尽管有些让人吃惊，却表明了这一点。通过这些例子，科学家们对从动物身上获得的、涉及能量消耗和寿命的代谢理论的规律，进行了证实。

第一，和尚和尼姑们由于生活安静，心情很少紧张，体力活动不大，生活舒适，所以寿命几乎都特别长。从生物学上看，尽管他们的生命之光很微弱，可是却燃烧得最久。

第二，那些必须从事重体力劳动的人，像钢铁工人、矿工等，与那些干体力劳动不多的人相比，会更快地消耗生命的能量。

第三，在办公室从事文职工作的人，往往也可能会因为精神高度紧张，而消耗掉过多的能量。因为在他们精神高度紧张的时候，大脑和体内产生的紧张激素，会使得他们体内的能量消耗得更快。

第四，科学家们已经证实，睡眠充足的人远远比睡眠不足的人更为长寿。

第五，那些因为某种疾病或者身体残疾，不能充分使用身体能量的人，往往会活得更长。曾经有一位名叫卡莉·怀特的美国女性，她去世时享年119岁。然而，在她119年的生命历程中，大约有75年的时间在身患重病，是躺在医院里度过的——这对机体来说是相当节能的。

第六，在那些优秀的竞技运动员中，长寿的人并不多。美国的科学家在长期研究中发现，那些需要高能量、强度大的耐力体育运动项目，会使人的寿命期望值明显降低。这些运动员就和干重体力活儿的人一样，所消耗掉的由遗传所赋予的代谢能量，远远高于平均数值。

虽然在今天，人类似乎越来越长寿，那是因为人类的生活条件越来越好，医学也在日益进步之中。这大大提高了人类的平均寿命，可是从生物学的意义上说，人类的最高寿命并没有得到提高。这也就意味着，不管是谁，也不管是由于什么样的原因——匆匆忙忙的生活方式、无休无止的运动、高强度的运动、极为耗费能量的疾病等，其体内的能量消耗越快，寿命就会越短。

另一方面，我们也会发现，人类在今天不但变得越来越长寿，而且百岁老人远远比过去多很多。百岁老人的数量还在不断地增长之中。1967 年，德国的百岁老人大约有 300 多人。今天，德国的百岁老人已经超过了 4000 人。不过，寿命改变的只是人们对寿命的平均期望值，而不是生物学意义上的最高寿命。

所谓寿命的平均期望值——人在正常生活条件下实际所能达到的生命跨度，已经变得越来越长了。对那些生活在典型条件和典型环境中的民族群体来说，这个数值是特有的。人类寿命的平均期望值，在人类的历史进程中，已经得到了很大的提高。而且越来越好的营养条件，以及越来越好的卫生条件，包括急救医学的进步，都使得更多的人高寿。但是，准确地说，人类并没有变得越来越长寿，只是越来越多的人因为某些原因和条件达到了高寿而已。所以，人们对寿命的平均期望值被提高了。也就是说，虽然在今天，更多的德国人活到了 80 岁，可是，让德国人更长寿的条件，在数十年来却几乎就没有什么改善。

四、女人为什么比男人长寿？

据统计，女性的平均寿命比男性更长，而且寿命相差大约 10%。为什么会是这样？我们只需要看一看人体代谢的情况，就能了解女人寿命比男人长的奥秘——因为男人要比女人消耗更多的能量，并且男人比女人多消耗的能量大约也是10%左右。自然，男人体内的能量“电池”，比女人体内的能量“电池”消耗得更快。

不过，科学家们也是在20世纪才认识到这一点的。由于女性要承担分娩的风险，所以女性的死亡率要高于男性。而且，从统计学的角度来说，女性的寿命期望值也明显低于男性。另外，在一些贫穷国家中，由于卫生保健工作还不健全，人口的死亡率和出生率都比较高，像这样的情况是依然存在的。

至于男性的寿命期望值比较低的原因，有多种说法。其中一种说法认为，在女性的子宫中，男性胚胎的死亡率明显比女性胚胎的死亡率高。在受精的时候，男性胚胎和女性胚胎的比例大约是120:100，可是到了分娩的时候，男性婴儿与女性婴儿的比例，已经变成了100:100。也就是说，大约有20%的男性后代在出生前就已经死掉了。如果我们从出生之日开始计算人的寿命期望值，那么从统计学的角度看，德国女性的平均寿命比男性长16岁。而实际上，在正常情况下，女性和男性的寿命应该仅相差6~7岁左右。一直以来，人们都认为，男性之所以通常比女性都早死，这是由于男性所处的紧张的工作环境，以及男性需要承担比女性更大的生活风险造成的。

事实上，女性在家务劳动中需要消耗大量的体力，尤其是女性还要承担生育、分娩的风险，以及抚养孩子的重任和辛苦。与过去相比，今天的女性，更多地在家庭与工作两方面，承担着繁重的双重负担。但令人奇怪的是，这并没有让女性因此而缩短寿命。相反，女性和男性的寿命差距，反而加大了。

此后，人们还曾经在生命基因之中寻找女性和男性寿命期望值的差别，这是因为女性和男性的染色体是不一样的，而染色体就是基因的载体。男性和女性都有23对染色体，其中有22对染色体是相同的，只有1对染色体是不同的。

在男性和女性的遗传基因中的这1对不同的染色体，也就是第23对染色体，是决定男女性别的染色体。男人之所以是男人，女人之所以是女人，全靠这1对与众不同的染色体。根据染色体的构成方式，女性的性染色体被称为**XX**，男性的性染色体被称为**XY**。其中，**Y**染色体是一种退化了的染色体。简单地说，这种染色体“缺少一条腿”。与**X**染色体相比，**Y**染色体用来储存遗传信息的空间比较少。实际上，男性的这种“数据载体”上的缺陷，是难以被弥补的。

男人为了拥有如山一样的刚强气质，为此付出了寿命的代价。在男人的一生之中，纵然他们的生命之光比女人燃烧得更亮，可是，由于过多的能量消耗，他们“燃烧”的时间是短促的，所以其寿命也比女人短。导致这一过失的原因在于男人体内的激素——睾丸素。这种睾丸素可以使人体内部的能量燃烧得更加旺盛。如果男人想使体内的能量之光“燃烧”得黯淡一些，除非他将自己阉割或者进寺庙。

在**X**染色体上有许多基因，这些基因的主要作用是负责人体的免疫系统，能够帮助人体抵抗各种各样的传染病。可是在实际生活中，男人由于缺少一个**X**染色体，所以与女人相比，他们更容易感染严重的病毒，死于疾病的概率更高。除了人类，像这样的性染色体同样出现在其他哺乳动物，以及鸟类、爬行动物、鱼类，还有绝大多数原始生命形态的身上。从生物学的角度上说，女性比男性更长寿也有生物学方面的原因。

从遗传天性上说，每个女人都可以生 7 个或者 7 个以上的孩子。在过去的历史中，这也是很司空见惯的事情。为了生育这些孩子，女性的体质必须坚韧、健康、具有抵抗能力；为了使孩子的幸存能有保证，女人也需要具有比男人更长的寿命。从理论上讲，男人可以在很短的时间内，就能将他的个体基因无数次地传递下去。而这一特性，被自然界以遗传的方式编入了个体的生命程序之中，并使其不受偶然因素和磨损的影响。这一遗传程序就存在于代谢之中。

女性的平均寿命大约是 78.4 岁，男性的平均寿命大约是 71.8 岁，相差 10% 左右，而这一差额可以通过能量的平衡被找回来。女人的生命代谢比男人的生命代谢慢 10% 左右，所以，与女人相比，男人有更多的力量去经历生活，却也必须为此而付出寿命的代价。

男性体内的性激素——睾丸素能够使生命的代谢速度加快，能够强化生命对风险的准备，能够激发人的上进心。通过一些事例我们能够看出，男人在被阉割之后，能够多活 13 岁。美国的阿肯色州，历史上曾经有一段时间，那些凡是患有精神障碍的男性，在住进精神病院后都被阉割了——当时的精神病医生将“阉割”作为治疗精神病的一种手段。在对动物所做的试验中，也证明了这一点。

经过阉割的公猫，平均能活 8.1 岁，而那些没有被阉割过的公猫，平均寿命大约只有5.3岁。不过，动物在阉割之后所发生的变化，往往又会在注射了睾丸素后丧失。

五、生命的长短还取决于年轻时的生活方式

我们可以注意到，很多老年性的疾病，都反映了身体“磨损”这一现象。通过老年人身上的疾病，我们多多少少都能够看见他们年轻时候的生活方式——遗传学方面的原因除外。

例如：老年人的骨质疏松症通常与他们年轻时候缺乏营养和运动有关；老年人的关节炎或者关节病来自年龄造成的正常“磨损”，不过，“磨损”的程度可以通过运动，以及避免身体过重而维持在可以忍受的限度之内；动脉硬化往往也会由于终身营养不合理而加重，尤其是身体太胖、脂肪太多的时候。

所以，一个人曾经怎样生活，在某种程度上也决定了他会以怎样的速度衰老。所以，为了战胜各种各样的老年性疾病，从年轻的时候，我们就要开始注意生活方式！

只要选择节能的生活方式，只要好好爱惜自己的身体，就能将一些老年性疾病的发生时间推迟，或者使老年性疾病的症状得以减轻。从目前来说，这是预防很多老年性疾病的最好方法。无论是谁，只要从40岁开始就患上了一些典型的老年性疾病，那么毫无疑问，其机体的负荷就会加重，从生命代谢理论的角度来说，他们的生活都过于紧张而匆忙了——除了相关的遗传基因或者患上了代谢方面的疾病。这就犹如一件家用电

器，一直都在被不停地使用，而且还经常超负荷运转一样。与那些相同品牌、相同型号，但是负荷较小的家用电器相比，它们更容易被损坏、淘汰。

不过，即使最谨慎小心的生活方式，也不能完全杜绝老年性疾病的入侵和折磨。今天，能够入侵人的身体，并且使人体内部环境丧失平衡，导致身体和精神紧张的因素实在太多，而且也并非每个人都有条件允许他珍惜自己的生命资源。在生物的进化过程中，永远保持年轻状态或者长生不死，显然也是不可能的。

不过，谁能遵循如下的建议，并能根据这些建议安排自己的生活方式，谁就会为健康打下良好的基础，并能使寿命得到延长。对他们来说，机体的衰老不再令人感到恐惧。实际上，人体内部所有潜在的或者已经以任何形式出现的疾病和痛苦，都可以被人为控制，并使之得到缓解。当然，缓解疾病痛苦的方法，并不是使用所谓的“青春药”，而是利用人体自身的潜力。

总的来说，生命长寿的奥秘取决于生活方式。在日常生活中，只要能够正确使用体力和脑力，就能减缓或者防止机体被提前磨损，并使生命得到保障，使人直到老年都还具有青春的活力。科学家们在对生命老化的研究中取得了重要成绩，发现了在老化代谢之中正在进行的程序以及某处所存在的缺陷。当然，人如果想要将生命的时钟倒拨，并且重新回到青年时代，这显然是不可能的，而且恐怕永远都只是一个幻想而已！

第三章　唤醒身体里的健康程序

我们应该重新考虑我们的身体究竟需要什么。如果你的自我感觉是良好的，那么长寿就是一件易事；如果你的自我感觉并不好，或许长寿对你就是一种奢望了。

在每个人的身体里面，都蕴藏着永葆青春的潜力，而人必须学会利用这种潜力。只要能够掌握这个秘密，就能减缓衰老的脚步，就能使寿命得以延长。

在每个人的身体内部，都有一套能够维持生命机体健康和青春的程序。只要能够符合生物学的需求，妥善利用这套程序，就能够长寿。生命机体中的活力程序是生命机体所固有的。每个人从诞生的时候开始，大自然就赋予了他直觉的能力，而这种能力，又有助于他随时调整自己的身体状态和精神状态，并获得长寿。每个人都知道如何珍惜自己所拥有的资源，只不过在今天，我们似乎已遗忘了如何重视身体所发出的各种信号，而且也没有把自己对身体和精神的直觉贯彻到日常生活之中。在疲劳的时候，我们总是不断饮用咖啡或者吸烟；在身体某些部位疼痛的时候，我们不是通过睡眠和散步进行康复，而是不停地服用止痛药片；当我们的注意力不再集中，总是不断走神的时候，谁又意识到这是因为我们需要休息了呢？所以，我们应该重新考虑我们的身体究竟需要什么。你要知道，身体会用健康和舒适来对你进行报答。如果你的自我感觉是良好的，那么长寿就是一件易事；如果你的自我感觉并不好，或许长寿对你就是一种奢望了。

一、睡眠——长葆青春的秘密

在人的一生之中，睡眠的时间大约占了1/3。这是上天为我们人类安排的时间，它的安排是合理而无可挑剔的。睡眠是大自然特意为每个有机体安排的，能帮助每一个生命机体得到有效的休息和恢复。在睡眠中，身体会重新加满“油”。只有这样，才能使身体得到充分的休息。只要睡眠充足，生命机体就不会过早地磨损和老化。

我们只要能够按时睡眠，每天保证有足够的睡眠，在生命的进程中，我们就能得到无限多的好处，而我们的身体也会长时间地处于最佳状态。睡眠是最好的青春疗法。

每天晚上的睡眠，可以为我们提供第二天所需要的体力和能量，并为我们修复前一天带来的损伤。在睡眠之中，身体中的细胞组织能够得到更新，能够使受到磨损的细胞得到治疗和修复，能够使新细胞不断生长并取代旧细胞，并且能够有效地保护人体内部的免疫系统，保护我们的健康，并赋予我们新的能量，帮助我们做好“战斗”的准备。

良好而充足的睡眠，还能帮助我们使疲劳的头脑和“灵魂”得以恢复。它就如同一条河，或者像一条宽宽的带子，横铺在两天之间，并创造出一个间隔。充足的睡眠不但能够使我们的肉体和精神健康得到保证，还能防止我们的生命机体被过早地磨损。在良好的睡眠之后，人们会感到清醒，会容光焕发，而且精神放松，身体内部的疾病疼痛似乎也会得以减轻。

☆ 睡眠越好，人越年轻

良好的睡眠，能够防止人体过早地丧失生命的能量，并有效地预防机体的衰老。要拥有良好的睡眠质量，就需要有足够的睡眠时间。不同的人有不同的睡眠时间。一般来说，每个人所需要的睡眠时间大约是6~9个小时。此外，睡眠的质量也很重要。在夜晚的睡眠中，我们要经历不同的睡眠阶段。临近清晨时的那个阶段的睡眠时间会减少，而且熟睡的程度也会减弱。人的熟睡阶段和做梦阶段是交替进行的。

在熟睡中，身体会紧张地进行修复工作。此时，头脑是安静的。可是在做梦的阶段，人的头脑是醒着的，并且经常将白天所受到的刺激加工成各种奇怪的景象。对生活来说，这一点相当重要。如果一个人被剥夺了做梦的权利，那么睡眠的休息功能就会发生障碍。只有当睡眠是由熟睡和做梦这两个阶段组成的时候，才能够达到休息的目的，也才能为新一天的生活补充足够的能量。

人在夜晚的睡眠节律，是由人体内部的各种激素控制的，尤其是松果腺中的褪黑素和肾上腺的脱氢表雄酮（DHEA），另外也有生长激素和肾上腺激素皮质醇。

对人体来说，褪黑素类似于一种安眠药。褪黑素在黑夜来临的时候开始分泌，并刺激人体的睡眠，帮助人体开始为睡眠进行准备。在白天，褪黑素停止分泌，人体的疲倦和睡意也会随之消失。

☆ 褪黑素——延缓衰老的“灵丹妙药”

褪黑素是在夜晚由人体的松果腺分泌的，很多科学家都把它看做是延缓衰老的“灵丹妙药”。事实上，褪黑素确实能够帮助人体保持青春。不过，褪黑素的机制却是意想不到的简单，这是令人惊讶的。褪黑素是人体的天然安眠药，它能帮助人体拥有良好的睡眠，并帮助人体快速进入睡眠状态。当生命机体每天进行修复和休息的时候，这种状态是必不可少的。

良好的睡眠能帮助我们有效对抗疾病，能使我们容光焕发，还能让我们长寿。在人体患上疾病的时候，良好的睡眠还能帮助我们尽快痊愈和恢复。

☆ 你有睡眠障碍吗？

当心！睡眠的障碍！

下面所列出来的一些症状表明你的睡眠质量不佳：

◇ 入睡困难，而且经常惊醒，难以一觉睡到天亮；

◇ 每天醒得太早；

◇ 睡得跟“死猪”一样，不会做梦，可是第二天早晨醒来却精疲力竭；

◇ 睡眠和清醒的节律发生变化；

◇ 经常感冒或者感染病毒；

◇ 注意力难以集中；

◇ 记忆力差、健忘；

◇ 情绪容易波动；

◇ 容易生气；

◇ 心情经常抑郁；

◇ 身体有慢性疲劳综合征的一些特征；

◇ 做事缺乏热情和力量，而且精神不济；

◇ 经常头痛但是又找不到原因；

◇ 做事的效率突然降低；

◇ 对生活失去兴趣，觉得生活枯燥无味；

◇ 精神很容易疲倦；

◇ 创造力降低；

◇ 对性生活不再感兴趣，失去乐趣。

不管是谁，只要睡眠不好，就会影响寿命，而且很容易衰老。遇到这样的情况，请千万不要听之任之，建议你一定要赶紧找位好医生，或者咨询一位心理学专家，向他们请求帮助。只有睡眠恢复正常，你才能获得满意的生活质量。

如果你的睡眠或者身体中出现上面所列出来的那些症状，你一定要慎重对待！并且要积极寻找原因，在必要的时候一定要咨询医生！要相信，不良的睡眠对你的健康和生活方式肯定会产生深刻的影响，而且一定会折损寿命！

在睡眠障碍中，最常见的是入睡困难，其次是不间断睡眠以及醒得过早。只要你的身体出现了这些睡眠障碍的症状，就说明你身体的外部世界和内心世界都出现了影响睡眠质量的情况。为了健康，我们应该多多留意身体所发出来的这些信号，并且对它们进行研究，想出解决的方法。如果你遇到的睡眠障碍是属于慢性的，这说明你正在面临一种非常严重的生命危机，你更应该重新考虑一下自己的生活方式。

影响睡眠的主要因素

一般来说，影响睡眠质量的主要因素有：

◇ 睡觉的地方不好，例如，卧室太吵闹、太闷热、太明亮、太冷，床垫太硬或者太软，同屋里有人打鼾或者不安静；

◇ 精神紧张，遇到了棘手的、难以解决的问题；

◇ 过度兴奋或者过度忧虑；

◇ 吃得过饱或者在深夜里喝咖啡、浓茶，吸烟，喝酒；

◇ 深夜加班，跨时区飞行；

◇ 在居住的环境中存在着影响人体健康的毒素；

◇ 来自电磁场的干扰，像卧室中的电视机、数字钟表、手机等；

◇ 身体过度疲劳；

◇ 一些药物，例如含有咖啡因的感冒药、止痛药等；

◇ 心脏、血液循环、呼吸器官和消化器官的功能性或者器质性疾病，像血压低、睡眠呼吸暂停综合征等；

◇ 人体甲状腺功能障碍；

◇ 急性和慢性阵发性疾病，如癫痫、百日咳、哮喘等；

◇ 机体内缺乏维生素或者矿物质；

◇ 早期痴呆或者阿尔茨海默氏病；

◇ 缺乏睡眠激素（褪黑素）；

◇ 缺乏某种营养物质。

在多数情况下，睡眠障碍是由个人的生活方式造成的。只要改变生活方式，就能克服睡眠障碍的问题。一般来说，由于疾病导致的长期失眠是不常见的，遇到这种情况，应该请医生加以治疗。

☆ 提高睡眠质量的有效方法

解决睡眠障碍的有效方法

下面有一些有用的方法，可以帮助你获得健康的睡眠质量：

◇ 审视你的生活，看看在每天的日常生活之中，是否存在着影响睡眠的情况？

◇ 在卧室中，营造一个有利于睡眠的环境，例如利用百叶窗或者睡眠眼镜来遮挡光线；如果你需要在夜里起床，就尽量不要开灯，而在黑暗中起来，或者尽量使用暗照明。因为任何进入眼中的光线都会使睡眠激素——褪黑素的生成减少。

◇ 褪黑素主要是由人体内的一种氨基酸——色氨酸制造的。在奶酪、花生、牛肉里脊、鸡蛋、牛奶中，存在着大量的色氨酸。同时，食物中也必须含有一定的糖分才能使褪黑素正常产生。因此，在每天的晚餐中，最好将含有蛋白的食物与碳水化合物相结合，尽量不要单独吃糖果、汽水、糕点这样的东西。

◇ 还有一些植物含有丰富的褪黑素，大量食用有助于睡眠。例如：在菠萝、苹果、柑橘、香蕉、草莓、大麦、黄瓜、土豆、猕猴桃、白菜、柿子椒、甜菜、芦笋、菠菜、葡萄、洋葱头中，每100克含有不到50纳克褪黑素；在姜、胡萝卜、坚果、白萝卜、旱芹、西红柿中，每100克含有50~100纳克褪黑素；在燕麦、玉米、稻米中，每100克含有100纳克以上的褪黑素。

◇ 适当饮用有助于睡眠的茶，像缬草、啤酒花、贯叶金丝桃、蜜蜂花等，都能够促进睡眠。在这些茶中，每100克干茶中大约含有160~700纳克褪黑素。在入睡前一小时饮用，能够镇定神经，给你一个舒适的睡眠。

◇ 镁也是一种很有效的安眠药。镁能帮助缓解精神紧张，安抚人的激动情绪，最好在睡前半小时服下，每次服100~200毫克。

◇ 每天坚持散步半个小时或者从事一项户外体育运动，并且培养在晚上按时入睡的习惯，入睡前避免精神过度兴奋与紧张。

◇ 避免卧室中的电磁辐射。

◇ 入睡前不要喝酒，因为喝酒会影响睡眠。

一般来说，睡眠时间的长短因人而异。有的每天只需要睡5个小时就够了，可是有的人每天却可能需要睡7个小时。像拿破仑、丘吉尔，他们都以睡眠少而出名；像爱因斯坦、歌德，他们都以睡眠多而出名。每个人的睡眠都具有各自的特点，而这又是难以改变的。那些在白天异常劳累，或者身体患有疾病的人，无疑都需要更多的睡眠。所以，为了身体健康，务必要遵守自己身体发出的信号。

关于睡眠一定要注意以下两点：

第一，如果你经常遇到长时间的睡眠障碍，最好去看医生，而不要被动等待。对我们来说，睡眠是异常珍贵的，千万不要轻易放弃。缺失的睡眠是难以弥补回来的。

第二，服用褪黑素一定要谨慎小心，不要轻易听信宣传广告。虽然褪黑素能够帮助睡眠，可是，没有节制地服用，却可能给我们带来一些不良的后果。记住，只有在特殊情况下，才可以考虑服用褪黑素。例如：由于改变了生活状况和睡眠习惯，而不能够克服的顽固性睡眠障碍；倒班或者跨时区飞行带来的睡眠障碍；由于一些疾病引起的睡眠障碍，像心脏病、血液循环疾病、产后抑郁症、癫痫，一些癌症、气候不适，等等。

二、营养——保持活力的源泉

☆ 食物是有魔力的

每一个生命有机体都需要能量才能正常“工作”。那么，什么是能量？能量就是碳水化合物、脂肪。有机体的生命结构是靠蛋白质来维持的。蛋白质类似于楼房的建筑材料。除了这些，有机体还需要有维生素、矿物质、微量元素来促使生命代谢的正常进行。虽然有机体对维生素、矿物质、微量元素的需求量并不大，但对生命来说，它们却是不可或缺的。总的来说，为了生存，上述这些物质都必须为机体供应营养。另外，生命有机体除了营养物质，体内还需要有充足的水分。如果说身体在完全不进食的情况下，饿了5天后才会死亡，那么身体一旦完全断水，很快就会丧失生命的功能。

正确的食物，能够给身体补充能量，给予身体充足的活力，滋养肌肉、血脉，强壮筋骨，让人显得更年轻，更加精神饱满。错误的食物，会给生命有机体带来负荷，耗费人体能量，让人无精打采，甚至提前衰

老。例如：西红柿能为人体大量补充维生素A，具有美容作用，能延缓人体衰老；西蓝花含有丰富的维生素和微量元素，能补充人体所需，还能抗癌；洋葱能软化血管，稀释血液，帮助预防血栓，使大脑更加年轻。

犹如建筑材料一样，营养就是能量，就是“生命的驱动剂”。充足的营养不仅能保障有机体的生存，而且还保证肉体和精神的健康。就像汽车一样，汽车燃料的质量越高，汽车发动机工作的时间也就越长，汽车就会行驶得越好。人体也是一样的。每天吃什么，决定我们是否有足够的活力，能否保持健康，还决定着我们体内免疫系统的功能是否强大。甚至连我们的外貌，也受饮食营养的影响。所以，为了我们身体和精神的健康，我们非常有必要注意饮食营养的摄取。

从另外一个角度上说，一个人的工作能力、健康状态，以及所享受到的生活乐趣，从长远来看，也需要有高质量、均衡的营养供给。所以，在我们每天的饮食中，营养的供给量和营养物质的种类，都至关重要。对病人来说，有效地调整饮食结构，能促进疾病的痊愈。

所以，要使身体保持健康，一定要有均衡的营养。那么，如何知道每餐的饮食是否含有充足的营养呢？有一个很简单的方法，那就是在你吃饭的时候，如果你一眼就能看见每一道菜所使用的原料，那么这些菜的营养价值相对就比较高。因为菜食的原材料没有受到什么破坏，营养成分大多都保留着。可是，假如每一道菜都异常精致，让人根本弄不清楚它们是用什么原料做的，那么这些菜的营养价值普遍偏低，因为菜食的原材料大多被破坏了，营养成分也流失了。

☆ 食物中有益生命的元素

在各种不同的食物中，都含有对生命和健康有益的元素，例如：

碳水化合物 碳水化合物主要含糖，能迅速进入人体血液之中，并通过血液迅速为身体和肌肉提供能量。像谷物、水果、豆角、土豆等，都含有大量的淀粉，即碳水化合物。所以，人体摄入碳水化合物的理想方式是首先摄入淀粉。淀粉能够缓慢地溶入血液之中。摄入淀粉之后，人体在很长时间内都会觉得肚子饱饱的。如果人体摄入的碳水化合物比较多，那么，这些多余的碳水化合物，就会以脂肪的形式被人体储存起来。所有的碳水化合物进入人体之后，都要先在人体的消化道中被分解成单糖和双糖，主要是形成葡萄糖。葡萄糖是糖代谢的中心分子，它可以在人体肌肉中被直接使用，也是大脑能量的唯一供给者。而人体内部的其他器官，还可以将脂肪酸转变为能量的形式。

稻米、各种水果、土豆等，都含有大量的淀粉。在人体内，淀粉被转化成糖。淀粉能够让人有饱感，长时间不觉得饥饿。它是人体主要的能量来源。

蛋白质　蛋白质为人体提供的能量，与碳水化合物差不多。但和碳水化合物不同的是，蛋白质主要被用来合成人体所需要的各种激素、酶，以及促进细胞、皮肤、毛发的生长。蛋白质的主要成分是氨基酸。人体只有处于极端重荷之中，氨基酸才能被燃烧，并且释放出能量来。但是，人体内的蛋白质并不是越多越好。相反，人体内的蛋白质如果过多，是存在危险的，因为多余的蛋白质会自动储存在人体的动脉、心脏冠状动脉之中。虽然它们并不像脂肪一样让人注意，可是如果动脉、心脏冠状动脉中储存的蛋白质过多，就可能会堵塞血管。而且人体内部过多的蛋白质还会使肾脏的负担增加，并导致脉管疾病。所以，人体内部只能储存少量的蛋白质。一个成年人每天摄入的蛋白质，必须被控制在45～55克左右。在人体摄入的蛋白质中，大约50%来自奶类、奶酪、蛋类、肉类和鱼类食物。如果你要使用冰箱储存食物，建议你在冰箱中只存放那些对健康有利的食物，像新鲜的水果、蔬菜、各种乳制品、瘦肉和鱼类。

蛋白质是人体必需的营养元素。在猪肉、牛肉、鱼肉、禽肉等各种肉类中都含有大量的动物性蛋白质，豆制品中含有大量的植物性蛋白质。

脂肪　脂肪为人体提供的能量，相当于碳水化合物和蛋白质提供的能量的一倍以上。脂肪不仅是能量的载体，并且是构成细胞壁、人体内部激素、信息物质等不可缺少的重要成分。不过，如果人体内的脂肪过多，会导致体重迅速增加，使动脉硬化的风险增大。因此，我们应该尽量少吃脂肪，严格控制脂肪的摄入量。在条件允许的情况下，最好用亚油酸含量高的植物脂肪代替动物脂肪，如葵花籽油、玉米油、麦胚油。

维生素　在人体内部，维生素并不能够制造有机物，或者说不能制造充足的有机物。所以，维生素往往是与碳水化合物、蛋白质、脂肪一同摄入的。不过，对人体来说，维生素很重要。它不仅要参与人体内部的各种生化反应，还会促进主要营养物质的分解，控制生命的代谢，以及帮助身体合成新的物质。

矿物质 在植物组织和动物组织内部，矿物质属于无机组成部分。不过，对所有生命有机体来说，它具有重要作用。对人和动物来说，矿物质是构成骨骼、牙齿的主要物质，并且支持酶的合成，还参与神经脉冲的传导，控制细胞壁的通透性，并且对体液的流动具有缓冲作用。人体对各种矿物质的需求量是不一样的。根据对它们的不同需求，有宏量元素和微量元素。像钾、镁，都是宏量元素；锰、钴，都是微量元素。矿物质必须随着碳水化合物、蛋白质等营养物质一同被摄入人体。

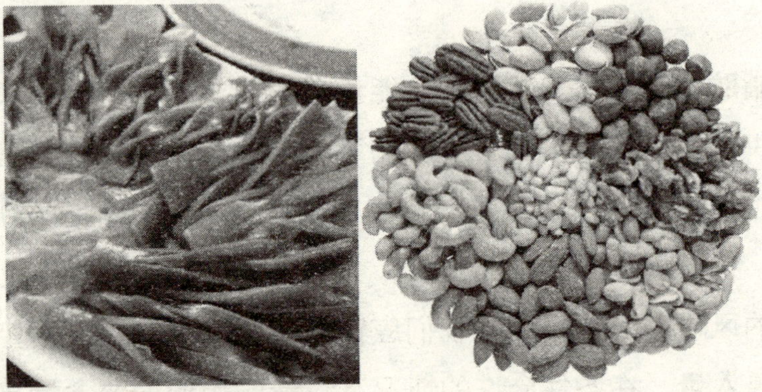

海带中含有丰富的碘；松子、开心果、榛子、杏仁、核桃、瓜子、花生等各种坚果中除了含有脂肪、蛋白质，还含有大量的矿物质。

非营养物 有一些植物的细胞壁和细胞结构，几乎不能被人体分解，它们是非营养物。有一些非营养物是可溶的，它们能够使摄入体内的营养物质在胃中的停留时间延长，并使人体胃部长时间具有一种饱和感。在那些含有非营养物的营养物质中，各种碳水化合物的分解速度会减慢，并致使人体血液中的含糖量的提高速度减慢，这就是人体胃部长时间具有饱和感的原因。此外，“可溶性的非营养物”还能通过其在人体大肠内的膨胀能力，使消化的速度减慢，并使人体内部废物代谢的速度加快。

二次植物物质 所谓二次植物物质，是指在水果和蔬菜之中含有的色素、味素、嗅味素，等等。科学家们通过大量研究证明，这些物质促进人体健康的作用非常明显，还能有效地预防人体心脏和血液循环方面的疾病，甚至对癌症都具有一定的预防作用。

总的来说，只要我们懂得合理利用食物营养中的天然健康元素，就能避免摄入错误的饮食营养物，减缓人体的磨损和老化。

☆ 当心！你缺乏营养吗？

假如你的身体出现了以下症状，那可能是因为你每天的日常饮食营养失衡，不能满足体内的需要。所以，你实在有必要每隔半年审视一下自己的身体，看看你的身体是否有如下不良状况。并且仔细检查一下你的日常饮食，看看是否需要调整饮食的营养结构。

1. 体力不如从前，工作能力呈下降趋势。

2. 经常感到疲倦、乏力。

3. 脱发、便秘、腹泻、患上了皮疹，皮肤和头发不再具有光泽，并且还惊讶地发现自己的手指甲在不知不觉中断裂了。

4. 遇到睡眠障碍，每晚失眠，睡眠严重不足，夜里容易惊醒，等等。

5. 如果你是女性，你是否遇到了月经障碍，例如经期不规律，月经量过多或者过少？

6. 体重不明不白地增加，或者体重在不明不白地减轻。

7. 遇到了血液循环方面的疾病，而且经常感觉到身上疼痛不已。

8. 肌肉乏力。

9. 对未成年人来说，是否遇到了生长发育障碍？是否有学习上的障碍？

10. 抵抗力很弱，非常容易感染疾病。

11. 记忆力明显不如从前。

12. 注意力难以集中，总是不能专注，经常注意力涣散。

13. 对生活不感兴趣，缺乏生活的乐趣和动力。

14. 如果你的身上不小心出现了伤口，你是否发现伤口的愈合速度很慢？

15. 如果你是一名男性，你是否阳痿？缺乏对性生活的兴趣。

16. 经常头痛。

17. 经常心情抑郁，很难快乐起来。

其实，即使你的身体不存在上述不良状况，哪怕你的自我感觉非常好，你也应该经常留心自己的身体，并经常检查自己的饮食营养，随时调整饮食的摄入，尤其是在你还年轻的时候。如果你以为自己还年轻，不用太重视营养方面的问题，那你就大错特错了。这一错误的观点，很有可能导致你的寿命缩短许多年。像许多老年性的疾病，如糖尿病、脂肪代谢障碍、心脏病、血液循环疾病等，几乎都与年轻时候的错误饮食密切相关。

☆ **你为什么营养不良？**

有一些营养成分对生命的生存来说极为重要。如果体内缺乏它们，就会造成营养不良。比如：佝偻病是由于缺乏维生素D造成的，坏血病是由于缺乏维生素C造成的。当然，这样的疾病在今天已不多见了。实际上，至少在发达的工业化国家中，已经没有因为营养不良而引起死亡的病例。

现在最常见的营养不良是由于人体所需要的重要营养成分摄入量过少导致的。今天，我们时常被一些报刊中关于饮食的文章误导，经常连续好几个月都不吃鱼肉、不吃生菜、不吃奶酪，而这些食品，对于人体来说，恰恰是最重要的营养食物。

久而久之，在我们体内，一些对于生存和健康极其重要的营养物质就会不足。可是，很多人对此却根本不在意，因为他们误认为，只要保证人体摄入的营养物质没有毒，那就是健康的饮食。于是，健康情况迅速下降，最后终于导致疾病的发生。

那么，那些被我们摄入体内的错误的营养是由于什么原因造成的呢？答案不难寻找。我们摄入体内的错误营养，从超市中就已经开始了。因为超市中的饮食，往往出于保鲜、保质方面的原因，会含有大量的食品添加剂。更多的时候，超市中的饮食，就犹如合成品一样。真正新鲜的食物，并没有多余的配料和各种各样的添加剂。当你的饮食营养发生错误时，很可能是由于以下原因造成的：

1. 你缺乏必要的有关饮食商品的知识，在购物的时候又受到导购员“错误”的诱惑，购买了不合适的食品。

2. 你烹饪食物的方法欠妥，从而使食物含有的天然营养元素丧失。

3. 食物所含营养物质不多，营养价值低。

4. 你一心追求减肥，不正确地节食。

5. 对饮食中的添加剂、配料等含有恐心理，或者出于其他一些原因，长期避免摄入鱼肉、奶酪之类的重要营养食品。

6. 你欠缺有关营养均衡方面的知识，不能正确地了解并摄入自己所需要的营养成分。

7. 像体育运动、精神紧张、妊娠、手术、疾病，等等，都会增加人体对能量的消耗。在这些情况下，需要摄入的营养成分要比其他时候多许多。

8. 经常吃快餐或者方便食品，导致营养失衡。

所以，建议你经常检查一下自己的日常饮食，看看你的日常饮食是否具有健康的营养标准。如果有必要的话，一定要尽早改变你的饮食行为和习惯。

☆ 有的食物会“干扰”青春

说真的，要想制定“正确而理想”的营养原则，并不是一件简单的事情。超市中的食品与个人营养所需的食品往往是不匹配的。从前，营养学家们研究饮食的营养成分，主要是想寻找对人体最好的食物。今天，营养学家们的研究已经向前迈进了一大步。人类及其个人的饮食需要，正朝着健康饮食的方向努力。每个人都有自己特殊的营养需求。虽然“典型的营养”构思方案会拥有许多模仿者。但今天，人们不再仅仅提倡多摄入维生素，以维持体内的能量平衡，而是更重视饮食的快乐和个性。

如果你希望自己看起来比实际年龄更年轻一些，如果你渴望让自己的身体更健康一些，如果你希望自己有更充足的能量，那么，在日常饮食中，需要摄入均衡的营养，像各种菌类、红薯、全麦面包，以及其他新鲜的蔬菜、水果等。

下面的营养规则只是一种建议而已，仅供你参考。总之，只要你能够把对营养饮食的认识与自己个人的需要结合起来，你就能够给自己提供最好的、全面而均衡的营养。现在，请你留意一下，在你吃完哪些食物之后，自我感觉非常好？在你吃完哪些食物之后，感到自己浑身虚弱无力？只要你能够有意识地研究自己每天的饮食，就会改善摄入营养的行为。

1. 去超市购买食物时，只购买高营养价值的食物。像新鲜水果和蔬菜都含有丰富的维生素与矿物质，所以，按季节购买时令的新鲜水果与蔬菜，是在你的日常饮食中很有意义的一项投资。另外，在购买蔬菜和水果时，最好购买那种无农药污染的“绿色”蔬菜和水果。

2. 坚持每天吃新鲜的水果、蔬菜，尤其是多吃一些用新鲜生蔬菜、水果、土豆等做成的沙拉，因为它们含有丰富的营养物质，对人体内部的免疫系统具有保健作用。

3. 尽量少吃糖和甜食。像汽水、果酱、糕点、冰激凌，以及番茄酱、沙拉汁、酸奶等食品中，都含有大量的糖分，而它们通常都是人体健康的“杀手”。另外，像葡萄糖、葡萄糖浆都含有纯糖。糖类食品既不能为人体提供高营养物质，又会促进人体脂肪的生成，还会使对人体免疫系统具有重要作用的维生素E受到影响。在饮食中，我们还要避免糖精。如果需要摄入糖，可以适当吃一些泡软的干果，或者少量吃一点儿蜂蜜、浓缩果汁，等等。

4. 每周吃一到两次肉食。含有脂肪的香肠和肉类，最好少吃或者不吃。动脉硬化、痛风都是由于营养问题引起的疾病，主要原因是动物蛋白的摄入量过多。每周吃一个到三个鸡蛋。如果有条件，最好亲自前往饲养禽、鱼之类的地方购买。

5. 多吃全麦食品，如全麦面包、全麦面条等，因为它们都含有丰富的非营养素、维生素和矿物质。

6. 尽量不吃或少吃高脂肪的食品，像各种肉类、香肠、巧克力、奶油、坚果等，因为它们都含有大量的脂肪。过量摄入脂肪会增加人体免疫系统的负担。

7. 每天坚持喝奶，吃奶制品、土豆、全谷食物，还要多吃瘦肉、禽类、鱼类，摄入高质量的蛋白。

8. 每天饮用足够的水。人体每天需要的饮水量大约是二到三升。最好喝纯净水、矿泉水、无糖的药草茶和果茶、不含杀虫剂的果汁。尽量少喝或者不喝果汁饮料、果肉饮料、汽水，因为它们都含有大量的糖。

9. 在每天的日常饮食中，尽量少吃盐，多用药草调味。像香肠、火腿，一些咸面包、咸饼干中都含有大量的盐分，尽量少吃或者不吃。

10. 在每天的日常饮食中，要摄入充足的非营养素，因为非营养素能够帮助消化，有利于排出体内的各种有毒物质。多吃新鲜、无污染的生蔬菜、豆角、水果等。

11. 在摄入营养的过程中，可以尽量变换花样，换口味。尽量购买没有经过处理的、不含任何添加剂的食品。像一些含有大量乳化剂和黏稠剂的食品，如果长期食用，都会损伤人体内部的肠黏膜。

12. 每天坚持少吃多餐，这样可以减少消化器官的负担，避免因为吃得过多而引起的消化不良。

13. 在加工食物的过程中，加工方法尽量简单，尽量保持食品原有的天然营养，因为过度烹饪会使食物中的营养元素丧失。

14. 如果已经严重营养不良，最好咨询医生，配合医生通过药物进行治疗和调理。

☆ 你的体重标准吗?

每个人都应该达到理想的体重标准，并能够保持理想的体重。不过，如果你的实际体重与标准体重相比，多一两公斤，或者少一两公斤，也不必为此而犯愁。因为这并不会影响你的寿命。要知道，如果你过度减肥，可能会失去生活的乐趣。

一般来说，用来计算人体正常体重的公式和方法有许多种，其中比较实用的是“身体质量指数计算法”，简称 EMI，即 EMI（身体质量指数）=体重（公斤）÷身高的平方。

对于 19～24 岁的成年人，EMI 大约在 19～25 之间，而这个指数每十年增加的单位不应该超过 1。女性的 EMI 如果在 24～29 之间，男性的 EMI 如果在 25～30 之间，都属于轻微超重。如果女性的 EMI 超过了 29，男性的 EMI 超过了 30，都属于严重超重。

1. 当你想减肥或者必须减肥的时候，应该避免片面的饮食结构。与其少吃或者不吃东西，不如通过适量的体育运动达到消耗卡路里的目的。

2. 你可以请营养师或者请医生，针对你的实际情况，为你制订一份特殊的营养计划，并且一定要坚持下去。

3. 吃饭的时候一定要细嚼慢咽，避免情绪紧张或者匆忙，这样才有利于营养的充分摄入，避免消化不良。

4. 如果你体重严重超标，而且不管怎么努力总是无法减肥，那么你很可能患有代谢方面的障碍，如甲状腺失常，等等。遇到这种情况，最好咨询医生。

5. 不要由于某种原因，长期将鱼肉、蔬菜、乳制品等排除在你的日常饮食之外，因为在这些食品中，往往含有重要的营养素。

6. 只吃你愿意吃的东西。在多数情况下，你想吃的食物，恰恰含有你体内极为需要的营养素。所以，相信自己在饮食中的直觉吧！至于你不想吃的东西就尽量别吃，更不要为了吃而利用各种各样的调料使它变得好吃，那并不符合你身体的需求，反而还可能给你的肠胃增加不必要的负担。

☆ 食物中有些什么非营养素？

像下面这些食物，都含有大量的非营养素：全麦面包、亚麻仁面包、粗麦面面包、多粒面包、麦麸小面包、甜玉米、豌豆、黄豆、嫩甘蓝、花茎甘蓝、兵豆、笋、豆芽、土豆、天然稻米、全麦面条、鲜水果、干果、全麦糕点，等等。

而另一些食品所含的非营养素非常少：白面包、吐司面包、面条、甜食、结球甘蓝、西红柿、黄瓜、布丁、奶油食品、饼干、华夫饼干、糕点、蛋糕。

完全不含非营养素的食品：动物食品、糖、淀粉。

一般来说，非营养素不易被人体消化，但是对人体来说，它却具有重要的保健作用，在每天的饮食中必不可少。非营养素可以帮助促进肠胃的消化，帮助排除体内积累下来的毒素和废物，能帮助人们有效地预防肠癌。

☆ 当心！过多的糖会让你疲劳乏力

糖是一种用途非常广泛的甜味剂。糖具有高热量，但是它缺乏维生素和矿物质。所以，人体摄入过量的糖，既不利于健康，又会导致龋齿。即使糖在人体内能够完全“燃烧”，并且是唯一为人体提供能量的，同样也不宜多吃。因为糖会刺激人体肾上腺素的分泌，从而使体内的血糖含量急剧下降，给人带来极不舒适的感觉。

1. 过量摄入糖，人会感到疲劳无力，精神不集中，并导致工作效率降低，难以高效率从事生产性劳动。

2. 过量摄入糖，会导致人体饥饿感。在严重的情况下，不得不通过吃巧克力、糖果之类的东西来抑制胃口，并最终使人体内的能量过多，大量脂肪被储存在人体之中，严重影响人体的健康。

3. 过量摄入糖，多余的糖就会在肝脏中被转化成脂肪，并被作为能量储存起来。此外，糖的燃烧需要消耗大量的维生素 B，从而导致人体内部维生素匮乏。

☆ 糖的替代品是否令人放心？

受广告的诱导，像一些所谓的“健康的”糖产品深受人们的喜爱，如浓缩果汁、蜂蜜，等等。实际上，无论它们以什么形式出现，所含的主要成分都是糖。

蜂蜜中大约含有 80% 的碳水化合物、18% 的水、2% 的矿物质。虽然蜂蜜在某些方面是有益的，但是，如果不加节制地摄入蜂蜜，同样会严重危及人体健康，导致龋齿。

在人体的营养物质中，应该含有一定的糖分。但是，如果人体摄入的糖分过多，会加重胰脏的负担，因为人体内部的糖分是靠胰脏进行分解的。如果胰脏对糖分的代谢失衡，在人体血液和尿液中就会含有大量糖分，导致血糖过高和糖尿，最终患上难以根治的糖尿病。

不管怎么说，为了健康，我们每一个人，在日常饮食中都应该避免摄入过多的糖类食品，以免使得血液中的糖分过量。具体建议如下：

1. 避免食用或者尽量少吃糖果、巧克力、各种甜食、汽水、果汁饮料、甜果酱、精制面粉、精制大米等。大量含糖高的水果也不宜多吃，而且有所节制，因为它们同样会提高血液中血糖的含量。

2. 复合型的碳水化合物会缓慢进入血液，这类碳水化合物主要包括全麦食品、土豆、豆角、蔬菜。像这样的食品，科学家们建议多吃。

3. 巧克力、巧克力食品、奶油蛋糕、夹心巧克力、甜食、法式棍状面包、牛角酥、甜的吐司面包等，不仅含有高脂肪，而且含有不良的碳水化合物，应该避免食用或者尽量少吃。

4. 在每日三餐中，尽量多吃白菜、苤蓝、萝卜、胡萝卜、旱芹、茴香这样的“粗菜”，最好生吃，不要煮，不要过度烹饪。因为它们都含有粗纤维，能够被缓慢消化，还有利于帮助人体肠胃排出毒素和废物。并且由于它们的消化比较慢，所以，吃了之后，人还不容易感到饿。

只要你能遵循上面这些简单的饮食原则，你就能拥有健康，你也能延长自己的寿命，并且保持头脑的清新与活力。另外，在日常生活中，你还要注意保持血糖含量的恒定，避免饥饿疾病，防止体重超标。

☆ 健康生活每一天——五天科学营养食谱

美国著名的女营养师艾德·普勒有一套关于健康饮食的理论。根据她的那套理论，我们制订了一周五天的科学营养食谱。在这份食谱之中，每天的饮食都优先选用了能够使人体内部血糖含量尽量保持恒定的食物。通过这套科学营养食谱，我们不但能够保持活力，提高工作效率，而且不容易感到饥饿和疲劳。如果人体内的血糖含量越来越低，人就会想吃甜食，最终导致没有节制的饮食，而这又会引起顽固性的体重超标。同样，这套科学营养食谱，还能帮助我们保持或者达到理想的体重。

一般来说，不管你从前的饮食习惯是怎么样的，只要你坚持这套科学营养食谱，只需要短短一周五天的时间，你体内的血糖就会达到平均值，会维持在一个健康的水平上。此时，只有在你需要进食的时候你才会感到饥饿，并且不会致使体内的代谢功能紊乱。当然，你不需要“恪守”这套食谱中的约定，食谱中的水果和蔬菜，你完全可以根据自己的口味进行调整。你也不必严格遵守这套食谱中的定量，你可以根据自己的需要安排进食的数量标准。总之，在五天之后，你会非常惊讶地发现，你的饮食习惯开始趋于正常，你的饥饿感也会越来越好，你会在适当的时间内吃适量的东西，而你吃的也正好是你身体所需要的。

这套五天科学营养食谱如下：

	早餐	中餐	晚餐
第1天	1片奶酪全麦面包	用生菜、旱芹、绿柿子椒，100克鸡肉，醋、橄榄油做成的沙拉	清蒸蔬菜（茴香、旱芹、柿子椒），半杯全粒大米，100克豆腐，一小盘蔬菜水果沙拉
	第1次加餐　3个生胡萝卜 第2次加餐　1碟生紫叶甘蓝	第3次加餐　1个柑橘 第4次加餐　1个苹果	

续表

	早餐	中餐	晚餐
第2天	30克带脱脂牛奶的粗磨小麦或50克早餐麦片	有少量橄榄油的炒蔬菜（柿子椒、茴香、胡萝卜、西葫芦），100克虾，70克煮面条，一小盘水果蔬菜沙拉	用1个叶用生菜、2个西红柿、1根茴香和半碟腰果做的沙拉，1个用全麦面粉做的烘饼
	第1次加餐　1根旱芹 第2次加餐　半个苤蓝	第3次加餐　1块西瓜 第4次加餐　2个胡萝卜	
第3天	1片奶酪全麦面包	用1个叶用生菜、黄瓜、红柿子椒、3根胡萝卜做的沙拉，半杯粗麦粉，1小盘鸡肉片	清蒸蔬菜（柿子椒、西葫芦、西蓝花），半茶盅全粒大米，带1个鸡蛋的蔬菜水果沙拉
	第1次加餐　半个苤蓝 第2次加餐　1碟洋白菜	第3次加餐　1个梨 第4次加餐　1个桃子	
第4天	1片鸡肉全麦面包	用1个叶用生菜做的沙拉，或者用胡萝卜、西红柿和绿柿子椒、100克鸡肉、醋、橄榄油做的面条沙拉	2个用全麦小面包、洋白菜片、半个鳄梨、1个西红柿做的三明治，1个生菜沙拉
	第1次加餐　一盘菜花 第2次加餐　半杯生紫叶甘蓝	第3次加餐　3个杏 第4次加餐　1个芒果	

续表

	早餐	中餐	晚餐
第5天	带脱脂牛奶的30克粗磨小麦或50克早餐麦片	由1个叶用生菜、胡萝卜、西红柿、1个烤土豆制成的沙拉，炒蔬菜（西葫芦、茴香、柿子椒）	用1个叶用生菜、西红柿、旱芹做的沙拉
	第1次加餐　1根旱芹 第2次加餐　1份西蓝花	第3次加餐　1个苹果 第4次加餐　1个猕猴桃	

为了让体内的血糖含量维持在最好的范围以内，在每餐中，应该有一种含有大量纤维素的蔬菜，像苤蓝、茴香、胡萝卜、紫叶甘蓝、洋白菜、旱芹等，而且蔬菜最好生吃。在生吃之前，可以浇上一两勺熟的植物油或者一勺香醋，用少量盐和新鲜的调味植物来调味。如果你认为每餐做沙拉耗时间，可以一次性做两份沙拉，其中一份沙拉（不加沙拉酱）装到保鲜袋内，放入冰箱保存起来，吃的时候直接从冰箱里拿出来，拌入沙拉酱，这样吃起来方便。由于在这套科学营养餐中，需要大量的水果和蔬菜，为了节省购买蔬菜和水果的时间，可以一次性多买一些（买一周需要的量），拿回家洗干净后，放入保鲜袋，在冰箱中保存，这样可以避免维生素的损失。

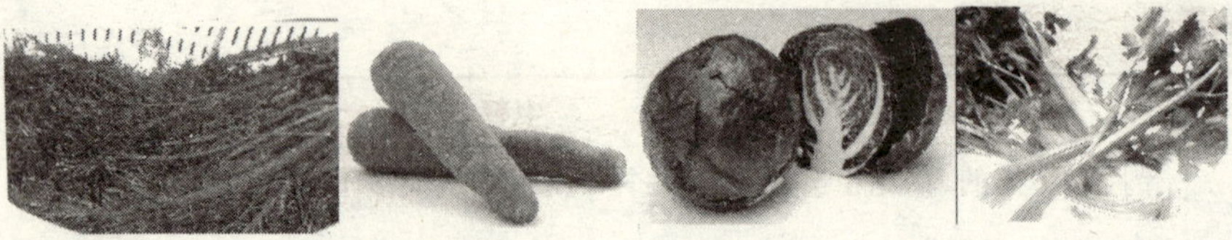

胡萝卜、甘蓝、芹菜等蔬菜中，都含有大量的维生素和其他微量元素。这些都是人体所必需的物质。在每天的营养饮食中，应该保证摄入充足的新鲜蔬菜。

三、你对脂肪了解多少?

脂肪是一种比较特殊的营养素，它对人体的益处和害处都很容易相互转化。只要你能够正确摄入脂肪，就不用担心脂肪对健康的危害。相反，它还能帮助你保持青春、健康与活力。可是，如果你错误地摄入脂肪，会令你提前衰老。在每克脂肪中，大约含有9.1～9.3千卡的能量，这几乎相当于每克碳水化合物或者每克蛋白质所含能量的一倍。所以，对人体来说，脂肪是一种非常重要的能源，特别是对那些需要从事大量体力工作的人——重体力劳动者或者体育运动员来说，尤其如此。与其他营养素相比，脂肪停留在胃中的时间比较长，所以，它能使人的胃部长时间具有饱胀感，从而在每两餐饭的间隔中，人才不会感到饥饿。但是，如果你很少运动的话，那么摄入过量的脂肪只会让你浑身乏力、多病，而且还导致肥胖。科学家们通过研究证明，人体摄入的脂肪如果太多或者不合理，非常容易患上多种“文明病”——心肌梗死、中风、糖尿病，等等。

当然，你也不能因为畏惧脂肪，而在日常饮食中完全避免摄取脂肪。因为这种偏激的做法，又会令你的身体缺乏一种重要的营养素。要知道，脂肪对皮肤的保养至关重要。适量的脂肪，能使你的皮肤光洁、美丽而富有弹性，避免皮肤过早产生皱纹。但是，在摄入脂肪之时，你需要注意合理的量。

如果你想长久拥有青春，那么在你的体内，一定要有适当的脂肪。脂肪酸具有营养，它能帮助生成人体内重要的激素、维生素，以及免疫系统中重要的信息物质。脂肪也是人体所有活细胞膜的重要组成部分。人体中的脂肪与其他成分相结合，可以使细胞和细胞之间的信息流得以实现。

一些专门的脂肪酸，例如一价或者多价不饱和脂肪酸，还是皮肤的重要组成部分。它们可以避免皮肤干燥，令皮肤光滑而富有弹性。与适量摄入脂肪的人相比，那些食用脂肪过少或者错误食用脂肪的人，会更快地衰老。

科学家们在对脂肪的最新研究中认识到，对人类来说，健康的饮食结构里必须要含有大约 50% 左右的一价不饱和脂肪酸。而多价不饱和脂肪酸和饱和脂肪酸应该在饮食结构中各占 25% 左右。其中在多价不饱和脂肪酸中，欧米茄 6 脂肪酸应该占 2/3 左右，欧米茄 3 脂肪酸应该占 1/3 左右。

含有氧化了的脂肪、高热脂肪的食品有：炸土豆条、炸土豆片、汉堡包、面包上的甜奶油。

含有饱和脂肪酸的有：可可脂、奶酪、板油、黄油。

含有多价不饱和脂肪酸的有：鱼油（鲑鱼、鲭鱼、沙丁鱼）、亚麻籽油、核桃油、葵花籽油、豆油、植物油、黄油。

含有一价不饱和脂肪酸的有：橄榄油、花生油、萝卜油。

所以，对我们来说：

1. 脂肪是人体重要的营养素，过量摄入脂肪和完全不摄入脂肪，都不利于人体的健康。

2. 每天坚持吃蔬菜水果沙拉，最好食用植物油，最理想的油是橄榄油或者菜油。

3. 每周坚持吃两次含有脂肪的鱼。买鱼时，最好买天然活鱼，尽量不买人工饲养的鱼。因为科学家们发现，那些人工饲养的鱼，含有的欧米茄3脂肪酸的浓度，比天然的活鱼明显偏低。而且人工饲养的鱼缺少欧米茄3脂肪酸的自然营养源。

4. 鸡蛋黄中的脂肪酸与饲料中的脂肪酸的组成密切相关。天然放养的鸡，主要吃新鲜的草和种子，这种鸡生出来的蛋的蛋黄中，含有的欧米茄3脂肪酸的浓度，与笼中饲养鸡的鸡蛋的蛋黄相比，高10倍左右。

5. 如果你希望体重正常，就应该注意体内脂肪的热量。因为体内脂肪的热量，非常容易以臀部或者腹部肥肉的形式聚集起来。

6. 那些含有不饱和脂肪酸的脂肪，在加热的时候，会更容易被破坏，最终变成有害健康的分解物质。因此，在加热的时候，最好只用含饱和脂肪酸比较高的脂肪，像棕榈油和可可脂。尽量不吃或者少吃加热后的脂肪，尤其是油炸的食品。油炸食品犹如热量炸弹一样。此外，与那些用别的方法做熟的食物相比，它们还含有大量有害健康的分解物，像氧化了的脂肪酸，等等。

7. 在超市里购买油时，最好购买天然、冷榨的油，拿回家后保存在阴凉处，并迅速吃完。因为这种油是在被保护的状态下生产出来的，不含有任何影响口味、气味和外观的物质，它的味道是天然的。

8. 购买植物黄油时，一定要注定质量，要购买没有经过硬化处理、酯类没有被改变过的产品。另外，科学家建议人们食用少量接近天然的黄油，最好不要吃大量的植物黄油。

9. 另外，在日常饮食中，最好将饱和脂肪酸的食用量降到最低，尽可能地把氧化过的脂肪酸从食物中排除出去。

10. 脂肪含有高能量，所以，在我们每天的饮食总热量中，脂肪不应该超过30%。

11. 如果需要摄入脂肪，最好选择植物性脂肪或鱼类脂肪。尽量少吃或者不吃动物脂肪。

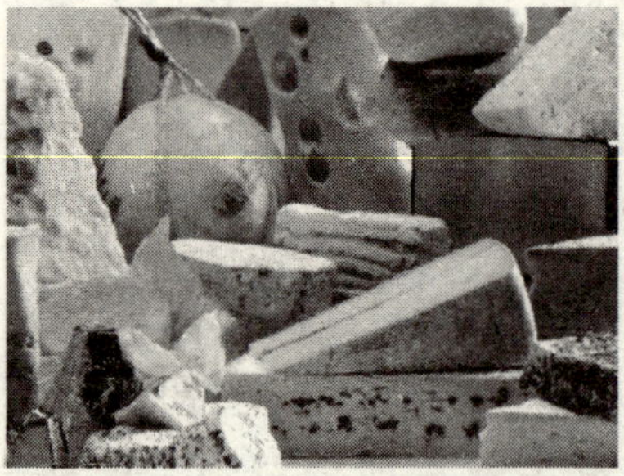

各种奶类食品、蛋类食品都富含脂肪。健康的脂肪中含有各种人体必需的脂肪酸，如多价不饱和脂肪酸、一价不饱和脂肪酸，等等。在日常饮食结构中盲目地避免摄取脂肪并不是一种正确的做法。相反，合理摄入人体必需的脂肪，更有利于健康。

四、运动——健康的催化剂

今天，也许有人会从生存能量的规律中，总结出这样一个结论：为了使寿命的期望值得到提高，应该尽量多休息，尽量不要运动。其实，这种看法同样是错误的。

在人体之中，绝大多数器官都需要不断锻炼，或者说需要不断负载，这样使身体不会过早退化，并使青春尽量延长。对那些完全不运动的人来说，虽然节省了生命的能量，可是体内器官和血液循环的衰弱，仍然缩短了他的寿命期望值。就像放在车库里的汽车一样，长时间不使用，一样也会生锈。

体育锻炼在何种程度上对人体有益，这主要取决于每一个人的日常生活情况。对那些白天紧张地从事体力劳动的人来说，到了晚上，他可以轻轻松松地将脚搭在桌子上，用一种非常舒适的姿势翻翻书，看看报。那些全天都坐在办公室内工作的人，在每天下班之后，可以轻轻松松地走一走，或者骑一骑自行车，这对身体是一种很好的调剂。因为人在紧张的脑力劳动中，会产生一种紧张激素。这种紧张激素，会在体内旺盛地燃烧。适量的运动，能使这种紧张激素得到分解，使紧张的神经系统得以缓解。所以，像打高尔夫球、远足、长跑这样的体育活动，明显比竞技体育具有优势。

☆ 培养对生活良好的感觉

进行适量的体育锻炼，能帮助我们的身体机能和精神更好地应付年龄带来的变化。体育锻炼对人体内部的所有功能，都具有明显积极的促进作用。

1. 坚持体育运动，在心脏和血液循环系统中，能使心跳减慢，让心脏供血的时间减慢，让心肌的氧气消耗量减少，让身体的整体能量平衡得以改善。

2. 坚持体育运动，能使人体肌肉变得有力而强壮，能够使抵御疲劳的能力得到加强，能够使肌体无力的状态得到改善。

3. 坚持体育运动，能够改善呼吸系统，使呼吸变得深长而缓慢，有助于身体吸入更多的氧气。

4. 坚持体育运动，能够改善肺部供血状况，让肺部的活动机能更为经济。

5. 坚持体育运动，能够有效地降低血液中的胆固醇含量和尿酸含量。

6. 坚持体育运动，能够使体内各器官的供血状况得到改善，让人体各器官的工作更有效率。

7. 坚持体育运动，能有效地刺激人体的免疫系统，增强抵抗力。科学家们还证实，体育运动还能帮助预防癌症。

8. 坚持体育运动，能帮助舒缓人的不良情绪，使郁积在人体内的攻击性和紧张激素都得到一定程度的缓解。

在合理的范围内坚持体育运动，能使身体“正确”运转，不会盲目消耗宝贵的生命能量。同时，科学家们警告说，过度的体育运动和高难度的竞技体育，会导致人体过早衰老。美国斯坦福大学医学院的专家经过大量的临床研究证明，如果体育锻炼的强度过大，会抵消体育运动给人体带来的积极作用。20世纪60年代，科学家们在美国哈佛大学里，对35～74岁的人作了一次全面的检查，发现那些每周坚持体育运动，每周大约要消耗8500千焦热量（相当于4小时的轻松慢跑）的男性，其死亡率与那些很少进行体育运动或者完全不进行体育锻炼的人相比，要低1/3左右。不过，如果每周在体育锻炼中消耗的能量超过了14700千焦，会给人体带来伤害，不但完全抵消了运动给人体带来的积极作用，甚至还走向了反面。

所以，为了健康，既要坚持进行体育锻炼，同时也要把体育运动的时间和消耗的能量，控制在一个适当的范围之内。只有这样，体育运动才能给我们带来舒适的感觉、年轻的容颜，并帮助延长我们的寿命，不会使我们的身体过度“磨损”。

☆ 运动应该适量而均衡

体育运动的主要意义在于帮助我们对生活产生乐趣，培养我们积极投入生活、享受生活的精神。所以，合理的体育运动，不应该对身体有过高的要求。一般来说，与日常活动相比，体育运动的强度大约增加20% ~40%就够了。所以，体育运动应该根据每个人的时间、状况和兴趣而定，而不能固守一个原则，或者远远超过身体的负荷。

人体每天对健康和运动的感觉都不一样，这很正常。所以，每个人身体效能的曲线都有高有低。所以，在选择体育运动的时候，我们要尽量让身体的每个部位都得到充分而均衡的锻炼，而不应该是片面的。

☆ 既锻炼身体，又节省能量的运动有哪些？

有一些体育运动项目，既能够锻炼身体，帮助人体获得健康，也能使健康和消耗能量的关系达到协调和平衡。像羽毛球、慢跑、击剑、打高尔夫球、体操、打保龄球、长跑、骑自行车、骑马、游泳、跳舞、打乒乓球、远足等体育运动项目，我们应该优先选择。同时，在这里，也存在一条规律：在运动的过程中，如果运动量过度，或者过于争强好胜，那么体育运动也会变成一种“磨损”人体、过度消耗能量的活动。

☆ **锻炼也有技巧**

在体育运动中，一种是只锻炼肌肉的，一种是耐力锻炼。今天，体育科学家们建议将这两种运动结合起来。适量锻炼肌肉，并使肌肉锻炼与耐力锻炼结合起来，是促进身体健康的最好方法。在每天锻炼的时候，可以交替地进行肌肉锻炼和耐力锻炼，并且在锻炼的前后做运动性的放松活动。像慢跑、登山、游泳、骑自行车、滑雪，都属于耐力锻炼，能帮助身体抵御疲劳，并且使身体在负荷之后能够迅速恢复正常。

那么，你该如何进行正确的锻炼呢？下面是我们的建议：

1. 在开始锻炼之前，先检查自己的身体健康状况，确定自己的身体需要哪方面的锻炼。

2. 在锻炼的时候，目标和要求不要定得太高，每天应根据自己的身体状况和时间情况进行合理安排。例如，在忙碌了一天之后，恐怕很难进行长时间的慢跑。而在周日，你却有充足的时间从事这一运动。

3. 认真安排锻炼日程，把它当做工作日程一样安排，并详细记录到日历上去，这样才能有效地监督自己，促使自己进行有规律的锻炼。

4. 耐力运动项目有利于身体的保健。科学家们已经证明，耐力运动可以提高人体的健康水平，使人体全面获得舒适的感受。像慢跑、快走、游泳、骑自行车、登山，都属于耐力运动的项目。重要的是，锻炼的日程要连续下去，不要中断，每次锻炼的时间至少要在 10 分钟以上。锻炼时，脉搏的频率应该保持在每分钟 130 次左右。通过这样的锻炼，由于氧气消耗的增加，会使人体心脏、血液循环和神经，都达到理想的锻炼效果，并从根本上改善身体的健康状况。而这样的锻炼效果，像打网球、高山滑雪、打高尔夫球、踢足球、打保龄球这样的体育运动，是不能达到的。

5. 在耐力锻炼中，我们要注意：每周应该至少坚持两到三次，每次至少坚持大约 20 ~ 30 分钟。不过，最理想的状态是，每周坚持三到四次，每次至少坚持大约 30 ~ 45 分钟。另外，在锻炼前，一定要进行热身活动。

6. 在每周的耐力锻炼中，还应该再插入两次肌肉锻炼。在肌肉锻炼的过程中，可以有意识地让身体肌肉变得更加有力量，避免肌肉的僵硬和无力。一定要加强肌肉的力量，尤其是那些年纪比较大的人，这样才能在不小心跌倒之后，能具有良好的支撑能力，并防止大腿骨折。

☆ 最好的耐力运动有哪些？

耐力锻炼的好处在于：强化人体的心脏功能、血液循环功能、肌肉功能，并且帮助降低血压、改善脂肪的代谢能力，让人的精力更加充沛。同时，耐力锻炼还能改善肌肉的力量，使运动性得到增强。

下表是一些体育运动项目，以及它们对人体健康的益处和风险：

体育项目	特别的益处	风险
走路、远足	理想的体育项目；终生都可从事，需要坚持下去，否则收益不大	一般不会受伤
慢跑、跑步	能让全身得到锻炼；锻炼时要注意鞋子是否舒适	如果跑步技巧错误，会使关节和筋腱的负荷增大
游泳	能有效校正骨骼和身体姿势，也能使身上所有肌肉得到锻炼	如果技巧错误，会使筋腱和韧带受力过大；眼睛会受到游泳池水氯气的刺激；小心溺水
骑自行车	适用于肥胖的人；能加强腿部肌肉的力量	不宜在公路上进行；可能会使颈肌和背肌痉挛，臀部疼痛
长跑	适用于冬季，还能锻炼平衡感觉和协调性	容易跌倒，容易痉挛，并造成拇指韧带拉伤
自行车测力锻炼	可以在家中进行，锻炼效率能精确到量化，锻炼之后能消除无力感	风险小，但锻炼宜适量

一般来说，在锻炼之后的第二天，你可能会感觉精疲力竭，而且无力再继续锻炼。为了避免两次锻炼之间的间歇时间过长，需要尽快消除身体疲劳。这里有一个很好的窍门：在你的体内有一种名叫 Glut－4 的载体。因为肌肉在工作的时候需

要糖，可是糖要通过血液进入肌细胞，所以必须准备好血液循环中的肾上腺素和一种专门进行糖分输送的蛋白质。锻炼时，在没有肾上腺素参与的情况下，在肌肉锻炼中会形成一种糖辅助载体，即 Glut－4。这种载体会在锻炼后大约 2 小时内还能够保持活力，并且不断将糖分输入饥饿的细胞之中。所以，在锻炼之后，马上吃一些高营养价值的完全碳水化合物，像麦片粥、饼干、水果或一个小面包，有利于体力的恢复，能使肌肉重新获得失去的能量，并能迅速应付第二天的锻炼。不过，尽量避免吃糕点、煎香肠或者巧克力。含脂肪的饮食会长时间停留在胃中，而饮食中含有的碳水化合物又会延迟到达肌肉组织中的时间，这意味着 Glut－4 载体又被分解了。

五、氧气——助你留住青春

人体在每一次的呼吸中，都会摄入一种非常宝贵的物质，它使得我们的身体能够充满活力，这就是氧气。如果没有氧气，我们就不能从各种营养食物中获得能量。必须有氧气进入体内，才能帮助我们点燃体内的能量，使人体内部的发动机能够在最佳状态下进行工作，达到节能的目的。当氧气进入我们的体内，人体细胞才能发挥应有的功能和作用，并使我们长期保持青春和活力。在人体内部，老化的细胞通常都含有很少的氧气，而人体内的癌细胞，则完全与氧气隔绝。所以，如果你想让青春永驻，就必须让自己的体内拥有充足的氧气！

☆ 如何改善身体的氧平衡？

以下方法可以帮助你改善体内的氧平衡：

1. 空气中的氧分子必须经过人体的肺部，才能进入血液，到达身体之内。在我们进行体育运动的时候，会呼吸大量的氧气。这些氧气进入肺中，犹如在我们的体内进行一次氧气浴。所以，坚持在新鲜的空气中进行有规律的体育锻炼，能帮助我们将更多的氧气送入我们的体内。

2. 当氧分子进入人体中的肺部时，会通过红色的血色素——这是一种含铁的血红蛋白。进入人体肺部的空气越凉，附载在血红蛋白上的氧气分子就会越多。当氧气分子跟随血红蛋白进入人体内其他组织后，这些组织越热，氧分子就越容易离开血红蛋白。而体育锻炼可以对人体内部的器官，起到加热的作用。这就是冬季运动对人体具有良好的休养作用的原因。总之，人体吸入肺部的空气越凉，氧气就能大量被肺部组织吸收。体育运动能使肌肉组织和人体内部器官组织变得很热，于是氧气又很容易离开血红蛋白，被释放出来。所以，在我们从事体力劳动时，会产生大量的代谢热量，此时肌肉就会比我们安静时释放出更多的氧气。因为在我们安静的时间，肌肉组织和其他人体内部器官组织是比较凉的。

☆ 当心空气中毒！

当今，由于污染的严重，所以很多时候，当我们吸进空气时，会明显感觉到气管受到了轻微的伤害，那些会妨碍人体摄入氧气的气体分子，也会顺势进入我们的肺部之中，尤其是废气以及烟尘中的气体，像氮氧化合物、硫酸、硝酸、臭氧、碳氧化合物等。由于这些原因，在人体肺部深处形成的炎症往往隐藏得很深。大多数情况下都难以觉察，因为在肺部深处，人往往感觉不到什么疼痛。于是，炎症又会导致肺部黏膜增厚，导致氧气的摄入量不足。因此，我们一定要避免在交通流量很大的街道两旁或者在公路附近进行体育锻炼。

氧气就犹如人体长寿中的一杯香槟，能迅速进入人体的血液之中，能够让人迅速地兴奋起来，充满活力。所以，为了健康，我们应该每天都到新鲜的空气中去，并且每天都要让居室按时通风换气。

如今，在很多的工业聚集区，氧气越来越少，这是由于大量的汽车、很多工厂企业，都需要依靠氧气来产生能量，就如同人体内部的燃烧过程一样。在大自然中，氧气是由植物通过光合作用生成，主要是绿叶植物和海洋中的浮游生物。可是，在大城市中，植物越来越少，尤其在北方的冬季，大多数城市中都没有足够的植物，自然也没有足量的氧气产生。所以，在进行体育锻炼的时候，我们最好选择有树木的地方。

在阴天而潮湿的天气中，植物产生氧气的速度很快。在日光照射很强的时候，植物会自动关上释放氧气的“阀门”，这是为了减少植物体内水分的蒸发和流失。

一氧化碳是看不见的有毒气体。它与人体内部的血红蛋白结合，比起氧气与血红蛋白结合的速度，要快上百倍。于是，一氧化碳就会将氧气分子从人体内部排挤出去。在人体内，一氧化碳和血红蛋白构成的化合物，其保持时间可以持续六周之久。所以，一氧化碳最终会聚集在人体的血液之中，而在肺部，能够供氧分子“搭乘”的血红蛋白就会大量减少，因此最后进入人体组织的氧气也会大量减少。

当身边有人吸烟的时候，我们也会吸入大量的一氧化碳，这就使问题变得更加严重。科学家们测量发现，当烟雾被吸入肺部之后，人体内部的一氧化碳就会长期保持在75%以上。鉴于这一点，建议你不要再吸烟，而且最好避免或者尽量不要待在有人吸烟的房间之中。由于人体内部氧气输送量减少，还会导致人体营养不良。

一般来说，在氧气聚集的时候，血红蛋白中的铁会暂时改变其化合价。也就是说，它会在两种化合价之间波动。如果在我们的营养食物中含有大量的氮化物，就会使血红蛋白发生变化，不能再被用来输送氧气。

出于这些原因，为了你的健康，我们的建议是：

1. 尽量不吃或者少吃被化肥污染的蔬菜、水果，腌制的鱼肉、香肠等。

2. 检查一下你家中的饮用水，看看其中氮化物的含量。尤其是在那些农业发达的地区以及大量种植葡萄的地区，如果使用氮化肥料，水受氮化物的污染更为严重。

3. 年幼的孩子尤其容易受氮化物的威胁，因为在小孩的体内，还缺乏像成年人那样的能够使血红蛋白功能恢复的酶。

4. 由于吸烟会令身体机能过早“磨损”，尤其是烟雾中的一氧化碳，会阻碍氧气向人体细胞的输送，导致人疲惫乏力，甚至引起窒息。所以，为了你的健康，最好不要吸烟，也尽量不要接近那些正在吸烟的人。

☆ 氧气匮乏的另一个原因——缺少能量

一旦我们的身体缺少氧，那么我们体内的血液循环就会变得很糟糕。我们的身体会自动、持续地测量血液中的含氧量。当血液中的含氧量太少时，身体出于自我保护机能，就可能会采取一些反措施。在人类进化的过程中，这些反措施被证明是有意义的。不过，在今天，科学家们证实，它们也存在着问题。

在人体内部，一粒红血球的寿命大约是 100 ~ 120 天。一旦红血球被一氧化碳阻断，它就会立即死亡。当然，从理论上说似乎没有这么严重，因为在人体的内部，每分钟大约就有1.6亿个红血球被更新。不过，我们可以设想一下，如果进入我们体内的空气总是受到污染的，那么即使红血球有强大的更新、修复能力，可是新的血细胞又会很快受到阻断。

此时，对人的机体来说，周围环境中的氧气太少了，大脑就会“错误地以为”人体此时位于一座缺氧的高山之上。于是，在人体之中，相应的激素就被自动激活，这种激素就是促红细胞生成素。大约有90%的促红细胞生成素是在肾脏中形成的，大约有10%的促红细胞生成素是在肝脏中形成的。这种激素，可以刺激人的骨髓，使骨髓产生更多的血细胞，以便为宝贵的氧气提供更多的在人体内部的“搭载”工具。虽然这个过程只需要五天时间，但是却可以一直持续下去，直到人体内部有了足够的、能够在生理学意义上供给氧气的红血球为止。在人类的进化过程中，这一机制曾经是有意义的。它能够帮助人体应付在高海拔地区的缺氧状况。可是，在受到严重污染的城市和工业空气中，这种循环却毫无意义，而且没有止境。因为新生成的血红球，马上又会被一氧化碳夺走，人体内的氧气仍然无法得到输送。那么，促红细胞生成素继续产生，血细胞越来越多，血液的浓度也会越来越黏稠，流动的速度越来越缓慢，最终造成人体内部毛细血管的堵塞，进入人体组织中的氧气过少，致使人体内部的能量进一步匮乏。

经常在户外进行慢跑、散步、游泳、登山之类的有氧运动，并且每次持续30分钟以上，不仅能达到锻炼的效果，还能够为人体血液供给新鲜而充足的氧气，促使人体排出废气，有利于健康和缓解精神压力。

所以，为了健康，经常向肺部输入新鲜的空气，是有重要作用的，而且非常必要。如果你生活在污染严重的城市中，如果在你的周围环境中有大量的汽车、工厂，而且几乎看不见任何绿色植物，那么请你在周末的闲暇时间里，一定要到绿色的大自然中去走一走，去到那里好好运动一番，为了你的健康，为了你生命的愉悦！

第四章　你对激素了解多少?

人体内部的各种反应都是由激素引起的。例如：甲状腺激素负责人体的代谢反应速度；雌激素（也叫孕激素）负责女性的月经周期；褪黑素负责人的睡眠；催产素控制人体对性爱的反应；在紧张的工作中，人体还会产生肾上腺激素。

你一定从来就没有察觉到，在我们的日常生活中，总是有一些信息物质在控制着我们，左右着我们。要知道，在我们的体内，激素参与了我们所有的生命过程。实际上，我们真的可以好好利用激素，让它能够帮助我们，为我们服务，让我们的生活更舒适，身体更健康！

一、生命幕后看不见的“手”

感受着温柔的抚摸，体内的血液循环会在不知不觉中加快；听到噩耗之后，脸色会变得苍白。通常来说，快乐的事情，总是能够让人产生幸福的感觉。每天晚上，绝大多数人都会感觉到疲劳。这一切，全是因为人体内部的激素在“作怪”。

激素是人体内固有的一种物质，不同的激素在不同的人体器官中形成。哪怕是微不足道的数量——从1微克到1毫克，都能够引起人体的代谢反应。激素产生之后，再通过体内的血液循环和淋巴系统前往相应的器官，并产生一定的作用。为了不使激素发生混乱，不同的人体内部器官，都有各自适应的激素。也就是说，某一种激素与某一类人体器官相适应，只有完全“适合”的激素，才能在相应的器官中停留并起作用。抵达适应的器官之后，激素就能将自身携带的信息传递给器官中的细胞。于是，就能有效地防止细胞接受错误的“指令”。除了人体内部的腺体，像一些专门的组织细胞，例如肠、肾、免疫系统、神经、大脑，都能够生产激素和别的一些信息物质。

激素的英文单词是 Hormone，它来自于希腊词 hormao，原意是“我造成”、“我引起”。将这个意思进行引申，对激素的解释就是：激素是一种能够对生命有机体起推动和促进作用的物质。对生命有机体来说，它既能起到加速作用，也能起到减速作用。在人体之中，激素就犹如一个总参谋部，也分等级，有最高的“领导”，并且有各种各样的“通信手段”。通过这些“通信手段”，来自激素内部的每一条“指令”都能够被高度精确地执行。而在人体内部各种激素构成的网络之中发生的任何错误，都会给我们的身体带来影响，甚至可能会威胁到我们的生命。你可以试着设想一下，当你正走在公路上，面对疾驰而来的汽车，此时你的身体之内应该产生一种应激能量，使你能够尽快避开汽车，可是偏偏你的身体却下达了一条毫无相关的指令——让你睡觉！想想吧，假如出现这样的错误，后果将会是多么严重！

人体内部激素产生的错误并不容易被发现，除非经过全面而仔细的检查。同样，要治疗人体内部激素混乱和信息错误导致的疾病，也只有那些有经验的医生才能够胜任。

作为一种生命体内的信息物质，激素在身体之中，大约控制着1亿个人体细胞，以及100亿个脑细胞。今天，科学家们已经知道，在人体之中，大约有100种激素，而且科学家们每年对激素都有新的发现。同时，每种激素的主要作用，也日益被科学家们了解和掌握。

在人体内部的所有激素之中，占统治地位的“激素女王”，是位于大脑底部的脑垂体腺体。脑垂体腺体控制着像甲状腺、肾上腺或者生殖腺这样的激素。脑垂体腺体通过处于相邻位置的下丘脑激素发布“指令”，对人体内部的其他各种激素进行控制。这些器官之间的“通信”都是依靠信息物质来进行的。所以，在激素作用的背后，还存在着一系列“通信步骤”。

人体内部的各种反应都是由激素引起的。例如：甲状腺激素负责人体的代谢反应速度；雌激素（也叫孕激素）负责女性的月经周期；褪黑素负责人的睡眠；催产素控制人体对性爱的反应；在紧张的工作中，人体还会产生肾上腺激素。

二、激素——沟通身体和精神之桥

你知道吗？有的时候，激素还能够将我们在精神上的感受转化为肉体上的症状，例如在快乐的时候流泪、脸红，在紧张的时候尿急，等等。激素既能够让人致病，也能够使疾病痊愈。事实上，人体内部的激素系统、神经系统、免疫系统，都相互紧密地联系在一起，并且以“相同的语言”交流。各种激素在人体大脑和免疫系统中的“表现”，与激素腺体对大脑和免疫系统信息物质做出的反应是一致的。在这三个系统之间，信息的交换是频繁的。人体内部的信息交换越良好，身体就越健康。反之，如果在这三个系统中，存在着错误的信息传递，或者系统与系统之间存在着对信息的误解，那就意味着人体的健康出现了问题。当体内的激素处于平衡状态时，人体的免疫系统和神经系统都是正常的，身体会充满活力，而且非常健康，生命的能量也会保持平衡状态，不会迅速流失。

今天，激素成为科学家们用来对付人体衰老问题的重要“武器”。随着我们每个人年龄的增长，体内产生的激素也会日益减少。所以，激素类的药物，可以帮助延缓人的衰老，在某种程度上，使人的青春得以延长。

三、性激素——让人美丽而精力旺盛的法宝

性激素最大的作用是，它可以使男人更像男人，让女人更像女人。在人体内部，性激素控制着生殖器官和人体第二性征的发育。此外，性激素对生命的代谢和人的精神，同样也会产生影响。男性体内的主要是雄激素，其中最重要的是睾丸素；女性体内的是雌激素和黄体酮。黄体酮是一种“促孕激素”。实际上，不论男性还是女性，体内都有雄激素和雌激素，只不过在男性体内和女性体内，二者的数量比例不同。

☆ 雌激素：让女人更加女人

雌激素实际上含有30多种激素，它是女性体内的一种“超级激素”，控制着每个女人的身体，并且在大多数时候，还干预生命的代谢过程。

1. 雌激素控制着女性的月经周期、妊娠和更年期。

2. 雌激素能够让皮肤变得光滑、头发富有光泽。

3. 女性优美的身体曲线，是由雌激素左右的。

4. 雌激素能帮助预防心脏病、血液循环疾病、动脉硬化以及骨质疏松症，等等。

5. 雌激素能够让身体保持青春的活力。

在女性体内，血液中的雌激素浓度并不总是均衡的。在每个月的月经周期中，它的浓度会发生明显的变化。其中在每个月的月经中期，也就是在排卵期，血液中的雌激素浓度最高。当女性体内的雌激素处于平衡状态时，她会感到舒适。那么，如何保持体内雌激素的平衡呢？

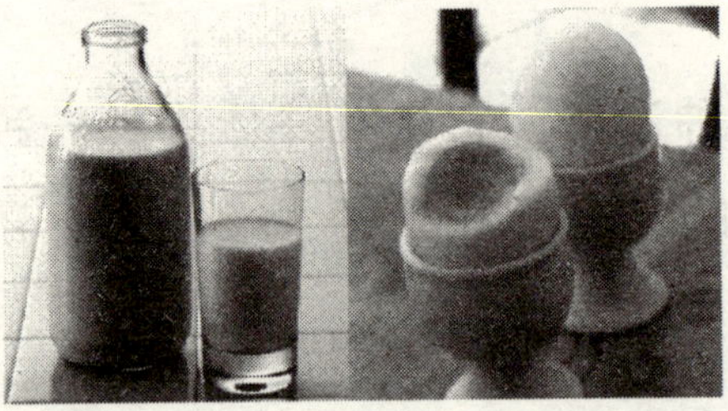

牛奶、鸡蛋、豆腐、豆浆之类的饮食，都有利于女性体内雌激素的分泌，能帮助女性保持青春的活力和旺盛的精力。所以，营养学家们建议女性要多吃豆质食品，每天坚持喝牛奶，吃鸡蛋。

科学家们建议：

1. 尽量避免吸烟、酗酒，因为它们会抑制雌激素的产生。

2. 尽量放松精神，用愉悦的心态面对生活。因为如果精神持续性紧张的话，会大量消耗体内的雌激素。

3. 尽量不吃糖或少吃糖，也尽量避免日常饮食过于油腻。多吃鱼和天然食品，有利于体内雌激素的产生。

4. 在每天的饮食中，要摄取足够量的蛋白质，如瘦肉、鱼、豆腐、豆质食品等；尽量多吃富含钾和镁的食物，如各种奶和奶制品；还要多吃水果和蔬菜，保证体内有足够的维生素。

5. 定时定量运动，有规律的性生活，充足的睡眠，日常生活规律、井然有序，这些都能够使体内的雌激素保持在高水平之上。

6. 如果遇到月经不调或者身体出现一些不明原因的不适症状，以及明显衰老、精力不济时，最好去医院咨询妇科专家，看看身体是否出现了激素方面的障碍。

对人体来说，雌激素扮演着重要作用，它甚至能决定我们在生活中是输是赢。因此，我们应该重视体内的雌激素，并尽量使体内的雌激素保持平衡状态。

☆ 睾丸素：让男人无往不胜

在男性体内，睾丸素是一种非常重要的激素。每个男人的外貌、思想、感觉以及对生活的乐趣和热忱，都是由睾丸素来决定的。睾丸素通过人体内部的其他信息物质作用于人体，能够加强人体内部的新陈代谢，让人保持健康的身体，并充满活力，能够增强人的性欲，促进人体器官和器官外围组织的供血状况，让人感到舒适。因为睾丸素，皮肤才会变得坚韧而健康；因为睾丸素，男性对各种感官刺激都能产生明显的反应。睾丸素让男人更像男人。男人的骨骼粗壮、身体富有脂肪、皮肤上的汗毛孔粗大，都是由于睾丸素的作用。在睾丸素的作用下，再经过适当的锻炼，能使肌肉更结实、健美，同时也令人体摄入的食物蛋白在合成代谢作用中，得到最佳的利用。不过，睾丸素在让男人心情愉悦，更具有勇气、贯彻力和决心的同时，也容易让男人秃顶。睾丸素能使男人的行为更具有攻击性，能让男人的自我意识更强。睾丸素水平高的男性，在事业上通常都具有无往而不胜的性格。

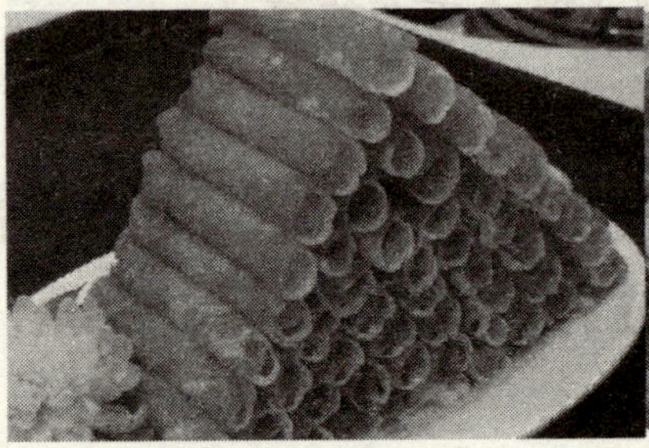

科学家们发现，像羊肉、虾这些高蛋白、高能量的食物，都有助于提高男性体内的睾丸素水平，激发男人的性欲。

那么，如何帮助体内的睾丸素达到最佳状态呢？科学家们建议：

1. 经常做爱。因为男人的性欲依赖于体内的性激素水平，经常做爱能帮助刺激性激素的产生，能促使男人的性器官长时间勃起，能让男人的性能力得到最佳发挥。同时，在做爱的过程中，不论男人还是女人，体内都会释放出内啡肽和催产素。内啡肽是一种能够让人麻醉、令人感觉舒适而愉悦的物质；催产素能够帮助人实现精神补偿，促进自主表现。

2. 坚持适度的体育锻炼。长期坚持体育锻炼，能促进体内睾丸素的产生。但是，体育锻炼一定要适度，而不要过量。如果过于疲劳，反而会抑制并减少睾丸素的产生。

3. 在日常生活饮食中，要摄取足够的维生素和矿物质，多吃新鲜的水果和蔬菜。

4. 在睾丸素的生产中，微量元素锰和钼发挥着重要作用。锰主要富含于坚果、麦胚、绿叶蔬菜、香菜、菜豆之中；钼主要富含于大豆、紫叶甘蓝、绿叶蔬菜、荞麦、麦胚之中。

5. 在日常饮食中，尽量避免油腻的饭菜。油腻的饮食结构，通常会降低体内睾丸素的含量。科学家们经过研究发现，在食用了过于油腻的饭菜之后，睾丸素的含量会降低50%左右。

6. 尽量避免吸烟和酗酒，因为它们不利于能够产生睾丸素的腺体。

7. 浪漫的日落、在月光下散步，以及卧室中透明的帷幔和昏暗的光线，都能促使人体内睾丸素的产生。

四、哪种激素让你精神紧张?

如果一个人精神过度紧张或者野心勃勃，那么他体内的驱动力会不断增强，但这样往往违背身体的自然需求。如果一个人长期精神紧张，那么到了晚年，这种状态对健康的影响会特别明显。然而，遗憾的是，人们常常忽视这一点。

科学家们已经证实：精神紧张会影响人的寿命。因为精神一旦紧张，人体内就会产生紧张激素，并加速能量的消耗。紧张使得生命有机体中的代谢速度加快，甚至超速“行驶”，以至于很快就耗尽体内的能量。

事实上，在我们遇到危险的时候，身体内产生的紧张激素，有助于我们幸存下来。可是，如果在日常生活中，因为一些小小的挫折或者常见的失意，身体内部持续产生紧张激素，那么就反而不利于人体的健康。一旦身体中的紧张激素持续过量，就会加快身体机能的“磨损”，严重危及到人的寿命。

当我们处于某种特别危险的环境时，当我们听到某个非常糟糕的消息时，当我们身患某种严重的疾病时，我们都需要做出反应，此时就会调动我们体内的应急机制——这种应急机制，能帮助我们在肉体和精神上克服并战胜危险。体内的应急机制一旦启动，身体内部所有可以被支配的力量，就会被充分动员起来，以应付意外状况。于是，身体内部的环境就会在短时间内失去正常的生理平衡。例如：自肾上腺分泌出来的肾上腺激素，就专门负责身体内部的这种复杂的反应。肾上腺素在应对这种复杂的紧急情况时，也得到了另外一种激素——去甲肾上腺素的“支持”。不过，去甲肾上腺素也具有某些控制功能。

当人体长期处于紧张状态时，肾上腺还会释放出一种名叫皮质醇的激素。所有这些激素，都能使人体达到一种超级活跃的状态，加快生命的代谢速度，增加能量的消耗，加速机体的“磨损”。此时，在身体内部，心脏的跳动加快，血压升高，器官的运动加快并且更具有目的性——应对肉体和精神的紧张。与此同时，人体免疫系统中的防御能力变弱，血液中的脂肪和糖分的含量增加。

此时，人体为积极活动准备就绪。那些被激发、被动员起来的激素被用来“援救”生命。储存在体内的能量，在应付肉体和精神的紧张过程中，被提前消耗掉。直到“危险”过去，肉体和精神放松，大脑才会重新将紧急应变程序关闭，人体重新进入平静和缓和的阶段，然后，人体中的新陈代谢再重新恢复到正常的状态之中。如果肉体和精神紧张状态的持续时间都短，那么并不会影响到人体的健康。相反，在这样的刺激之下，人体机能反而会得到提高。可是，如果紧张的状态一直持续下去，就只有百害而无一利了。

数千年来，这个过程早已如同程序一样，被植入到了个体的基因之中，并且当生命有机体在遇到危险、紧急的时刻，它对幸存起着重要的作用。可是，如果紧张的状态持续数周或者数月，并且反应不当，就会损害健康。当身体处于紧急状态之时，身体机能随时都准备以“逃跑”的方式应对危险。当前，在职业活动中，即使紧张，我们也不需要投入什么体力。当前，我们人类遇到的紧张状况与原始人类遇到的紧张状况截然不同。在大多数情况中，我们也不需要为了求生而逃跑，或者使用体力来对付进攻的野兽。

虽然如此，我们的大脑却并不会对这种“没有危险”的刺激和那种“有生命危险”的刺激加以区分。被植于基因之中，如程序化般的生理反应，会在紧张状态下依旧运行。所以，在今天，当我们处于紧张状态时，即使我们不需要做出什么反应，可是体内的生物学变化依然在持续着，肌肉会照常保持紧张，脉搏的跳动会照常加快，血压一样会升高，在我们的机体内仍然充斥着毫无必要的能量载体——糖分和脂肪。而这些反应，往往令我们感到极不舒服，让我们觉得筋疲力尽，某些时候甚至还有可能威胁到生命。

在一定程度下，紧张的状态是可以被我们忍受的，而且对于我们也是有必要的，因为它能激发出我们的潜能，促使我们成功。同时，当我们经过努力，克服了这种紧张状态时，在心理上，我们还能得到一种满足。然而，过度的、长时间的紧张，却会成为我们生活中的一个陷阱，会损毁我们的健康，缩短我们的寿命。下面，我们将依次谈到这样的一些症状。这些症状都向我们表明，身体的紧张状态已经超负荷了，它们都是向我们发出的警告信号！

☆ 关于皮质素

有时，一些人为因素也会令我们的身体处于紧张状态，像与紧张激素有关的药物，就能产生这种效果。另外，我们知道，哮喘是一种可能会导致生命危险的疾病，而人工合成的皮质醇化合物，也就是所谓的皮质素，能减少哮喘发生的危险性，也能缓解休克或者风湿病的症状。因为皮质素具有消肿、退烧、抗过敏、抑制炎症的药效。尽管在紧急情况下，这种药物非常有效，而且为了挽救病人的生命也应该使用，然而我们不要忘了，它并不能够帮助我们解决疾病的根源，它起到的作用仅仅是能够减轻症状而已。这种药物具有严重的副作用，很多人服用了皮质素后，感觉并不是那么理想。还有，像那种持续的、人为的紧张状态，也会白白耗费生命的能量。所以，医生们在对病人使用皮质素药物时，一般都会异常谨慎小心。

☆ 显示生命危机的症状

如果你的身体出现了下列症状，那说明你的身体和精神可能已经处于过度紧张的状态，生命的能量正在被白白消耗。

1. 你经常感到害怕和不安。

2. 你很容易激动，而且具有很强的攻击性。

3. 你经常感到无聊，对生活失去了兴趣。

4. 你遇到了睡眠障碍，经常失眠、睡得不安、夜晚时常惊醒。

5. 你经常感到自己疲劳乏力。

6. 你患有慢性头痛，而且总是脖颈痛、腰背也痛。

7. 你的抵抗力越来越弱，很容易患上传染病。

8. 你经常患有紧张性的头痛。

9. 你的心跳加快，血压也高。

10. 你经常腹泻、口干、盗汗。

11. 在不知不觉中，你的日常生活习惯已发生了变化，你开始酗酒，喜欢喝浓咖啡，还开始不断地吸烟。

12. 你发现自己的注意力经常分散，精神难以集中。

13. 你的胃口越来越差，不管吃什么似乎都毫无兴趣，但是你很容易感到饥饿。

14. 你遇到了血液循环障碍。

15. 你的神经经常过敏，工作效率大大降低，而且胃疼。

16. 你说话时经常口吃，还经常无缘无故地傻笑。

17. 你经常尿频。

18. 你比从前更容易受伤。

19. 你的脾气越来越急躁。

假如最近3个月以来，在上述症状中，同时有4种或者4种以上的症状出现在你的身上，那么就应该警惕了！此时，你应该好好审视一下自己的生活，看看有没有什么令自己感到紧张或者不安的因素，并学会让自己放松下来。

只要你能正确地回避生活中的紧张因素，将生活的节奏维持在一种舒缓的、令你感到愉悦的状态之中，你就能够延长自己的寿命。要从日常生活的紧张状态中解脱出来，要么回避让你紧张的因素，要么改变你自己的心理状态。只要你的生活能够变得轻松，你就能活得更长久。

☆ 当你紧张的时候

紧张会干扰生命有机体的平衡，成为生命的一种负荷。在面对紧张的时候，生命有机体必须加以克服，以减少紧张为机体增加的负荷以及减轻紧张对机体的磨损。不过，每个人对紧张的感受很不一样，因为每个人对紧张的容忍程度是不同的。一般来说，如下因素会导致绝大多数人紧张：

1. 持续不断的噪音，会令人极其不舒服。

2. 每天的日程过于忙，长期处于时间压力之下。

3. 烟和酒中的毒素会使人紧张。

4. 睡眠不足。

5. 对生活不满意，经常抱怨。

6. 没有生活目标，感觉生活毫无意义。

7. 对职业的要求过高，过于追求完美。

8. 对职业的要求过低，胸无抱负、不求上进、无所事事。

9. 对生存怀有恐惧之心。

10. 时常为金钱而担忧。

11. 生活中遇到了重大变故，例如退休、被解雇、亲人去世、离婚等。

12. 与伴侣或者亲友的关系紧张。

如果你想问，究竟有没有什么方法可以让人完全没有压力？科学家会告诉你：没有。不过，每个人对紧张的容忍程度不一样。每个人在自己的生活中，都应该学习如何更好地应付紧张、缓解紧张，保护好自己不受紧张状态的侵害。下面，是科学家们提出的一些建议：

1. 对照上面提出来的导致紧张的因素，看看在你的生活中令你紧张的原因有哪些，并尽量努力将这些紧张因素从你的生活中驱除出去。努力把困难当做是对自己的一种挑战，用一种积极的态度面对，不要产生悲观的情绪。不要将生活中的困难当做一场灭顶之灾，学会接受你无法改变的事实。

2. 在制定工作和生活的目标时，一定要适度，不要把目标定得太高。对生活也不必雄心勃勃，只要你尽力做到自己的最好就可以了。尽量不要给自己增加太多的压力，不要人为地给自己找一些麻烦。另外，注意对时间的分配，提高工作和生活的效率。不要把太多的活动安排在同一天中，也不要让日子过于闲散。

3. 每天给自己留出休息的时间，做做放松练习、散散步或者做体育运动。

4. 业余时间也不要安排得太满，可以把一些业余时间用来睡睡觉，养养神，经常给身体和精神留出一些休息的空间。

5. 安排一些时间进行社交活动，与朋友聊聊天、吃吃饭或者逛逛街，也可以做你自己喜欢的事，或者养鱼、养花，等等。总的来说，要能够让自己放松，减少紧张的状态，以增强对其他紧张性刺激的免疫能力。

6. 每天劳碌之后，利用一些有效的方法让自己放松，如看看小说，看一场电影，与伴侣做爱，轻轻松松洗个澡，牵着狗散步，等等。

7. 坚持体育锻炼。最好是有氧运动，而且运动要适量，使肌肉和精神得到放松。你会发现，锻炼得越多，在紧张的时候，体内分泌的紧张激素就越少。同时，长期坚持体育锻炼，还能让体内升高的紧张激素水准降低。

8. 学习一些能够自我放松的技巧，例如自我催眠放松法、瑜伽、肌肉递进放松法、呼吸练习等。通过这些技巧，你能预防在紧张状态下，肌肉处于过度紧张状态时，还能够使体内的植物神经系统稳定。

9. 培养宽厚、温和的性情。经常与伴侣、亲友进行身体和皮肤的接触，能刺激体内分泌催产素。这种激素能让你感觉到满意、安全、舒适。

10. 尽量将生活安排得丰富多彩。

科学家们发现，每天坚持散步一到两小时，不仅对人体肌肉、骨骼具有良好的锻炼作用，而且还有助于放松和睡眠。能够每天坚持散步的人，睡眠质量普遍比那些既不喜欢散步，也没有其他运动习惯的人好，而且心态显得更健康、更年轻，对生活的满意度也更高。

☆ 如何用呼吸缓解紧张？

只要你能够用正确的方法呼吸，你就会发现，正确的呼吸对放松、安定具有非常显著的效果。建议你学习正确的呼吸方法，可以向一些专家请教。正确的呼吸方法有多种，其中一种是瑜伽中的呼吸方式。这是一种简单易行的呼吸方法，它能使人在一天紧张的工作之后，迅速放松并恢复正常。

端坐在一张椅子上，全身放松，双手交叠放在腹部，专注于呼吸，你能感觉到自己的呼吸运动。然后，自由地进行呼吸。先用鼻子吸气，将气慢慢地吸入腹部，感到腹部鼓胀，再用嘴将气平静地呼出去。在呼气的时候，要尽量和缓，感觉鼓起的腹部缓缓朝内收缩。在呼气的时候，内心和外表都要放开，要感觉身体中间横膈膜的运动。先吸气两次，再呼气两次。吸气和呼气的时候，专注于你的横膈膜。最后，做伸展运动结束。长长地打一个呵欠，你将精神焕发。

五、甲状腺素的重要作用

甲状腺在人体颈部，位于气管上端和喉头处，犹如蝴蝶的翅膀一样。这个腺体虽然很小，可是在脑垂体的指挥下，却能产生三种激素，而这三种激素能够驱动整个人体。这三种激素就是：甲状腺素、三碘甲腺原氨酸、降钙素。降钙素主要调节钙的代谢，能够影响人体的血压和骨骼密度。甲状腺素和三碘甲腺原氨酸则是人体真正的力量激素：

1. 它们控制人体内部能量的供给，能够使人的身体更具有曲线美。

2. 它们能够调节人体内部的热量平衡。

3. 它们可以使身体具有工作能力，有耐力，让人心情良好，促进体内的新陈代谢。

4. 它们负责维持人在精神上的平衡。

5. 它们能够激发人体的性欲，提高人对性生活的乐趣。

如果人体内部的甲状腺素失去平衡，就会给身体带来极不舒服的感受。

因为甲状腺素能够从根本上调节人体内部的能量，决定着人体内部的能量消耗，所以，一旦我们身体中的甲状腺素失衡，就应该立即引起我们的重视。否则，只会使我们白白耗费生命的能量。

甲状腺功能失常导致的症状如下：

甲状腺功能亢进	甲状腺功能减退
在不改变饮食习惯的情况下，体重急剧下降	在不改变饮食习惯的情况下，体重急剧增加
经常性失眠	嗜睡
出汗量增加	怕冷，容易被冻伤
经常性的神经过敏，感到不安	懒惰、抑郁、活动能力减弱
心跳的速度过快，脉搏的跳动加快，腹泻	脉搏的跳动减慢，经常便秘
皮肤润泽、有光泽	皮肤干燥、苍白

那么，如何保持甲状腺素的活力呢？科学家们建议如下：

1. 碘是甲状腺的驱动剂，也是人体生产甲状腺素和三碘甲腺原氨酸的必需物质。因此，在日常饮食中，要摄入足量的碘。一般来说，海产品都富含碘，像鱼类、贝壳、甲壳动物、海带、海草，等等。在含碘的食盐和一些矿泉水中也含有碘。

2. 甲状腺素是一种很容易受到干扰的激素。除了缺碘，炎症、中毒、身体免疫功能方面的疾病，都会使甲状腺功能失常。所以，如果你的身体感到不舒适，一定要尽快前往医院咨询医生。

3. 当人体处于紧张状态时，尤其是在持续性的紧张状态中，甲状腺也会产生反应，并造成甲状腺功能的失常。所以，在日常生活中，要尽量使心情放松、愉悦。

如果人体内的甲状腺能够高效率地工作，那么摄入人体之中的营养物质，就会“燃烧”得更旺，并能够有效地减肥，让身体保持苗条、健美。当然，也有一些含有甲状腺激素的瘦身药物。不过，科学家们并不建议服用这样的药物。事实上，只有在因为人体内部的甲状腺功能失常，导致体重增加、肥胖的时候，这样的药物才有作用。而且，如果要服用这样的药物，必须要在医生的指导下才能进行。服用了药物之后，还要定期进行检查。如果肥胖是因为营养过剩或者运动过少，那么，服用这样的药物，不但不能帮助你的身体恢复苗条，可能还会对健康带来损害。

六、生命中延缓衰老的舒适激素

目前，人们普遍使用激素类药物来应对生命有机体的衰老。像在美国，人们对这类药物的使用，早已远远超过了对维生素和矿物质的使用。

随着人体年龄的增长，身体之中固有的激素生产能力会减弱，尤其是处于更年期的女性。可是，每个人的情况却不一样。所以，每个人体内激素停止分泌的速度也是不一样的。

其实，并不需要服用什么特殊的药物，你只需要拥有三样"宝贝"——阳光、体育锻炼、性生活，你就能够维持住体内的"舒适"激素，让身体健康而且充满活力。当然，与此同时，你也要注意自己的睡眠、心情、体重、性生活等，要使这些生物参数的数值，能够保持在合适的范围之内。

不管是谁，只要能够使体内的激素平衡长期保持在"青春范围"内，就能推迟衰老，令身体感觉舒适。对长寿来说，激素是最好的同路人。不过，激素制剂类药只能在严格遵守适应症的情况下，才能够服用。

只要体内的激素平衡保持良好状态，就能够提高生活的质量。像这样的激素，原本就是负责人体的舒适感觉和健康的。其实，每个人从诞生之时起，身体的基因中就已经植入了舒适感觉方面的程序。由于每个人后天的生活环境不一样、生活状况不一样，所以，经常妨碍着人对这种舒适感觉的调整。不论是谁，只要能够感觉到身体的每一个部分、每一个器官都很舒适，那么他的生命能量就必然是在以"正确的速度"流动。

在下面的表格中，列出了一些人体重要激素，它们对于维持人的健康、保持人的青春活力，都有着至关重要的意义。这些激素，就是所谓的舒适激素。

激素	生成地点	可以做的事情	作用
脱氢表雄酮	肾上腺皮质、脑	能避免人体的紧张状态	具有舒适作用的一种基本激素；所有舒适激素之“母”；可使大脑处于健康状态；抵抗紧张状态
内腓肽	脑、身体各部位	有利于运动、性生活	一种能够让人快乐的激素
血清素	脑（多吃蛋白质和碳水化合物）	有利于心情放松	能够使人心情愉悦
雌激素	卵巢（多晒太阳）	促进性生活	能帮助女性稳定情绪，保持年轻
睾丸素	睾丸（多晒太阳）	有利于运动、性生活	能够促进男子汉的气质，让人具有自我意识和勇气，并能促进性欲
催产素	脑垂体	有助于两性之间的亲昵行为	能够让人产生安全感和亲近感
褪黑素	松果体腺	能使睡眠良好	能够让人尽快入睡，并且提高睡眠质量
甲状腺素	甲状腺（多吃含碘食品）	帮助缓解肉体和精神的紧张	帮助保持人体的生命代谢平衡

☆ ***激素之母***

今天，我们都知道肾上腺激素、脱氢表雄酮能够让人变得年轻、更有活力。这些化合物，都是人体性激素合成时候的中间产物。科学家们已经证实，这些物质都具有各自的重要作用，它们都参与了生命体内的许多生命过程，并且对生命过程都能产生有利的影响，它们都是人体内部的“舒适激素”。

简单地说，在生命代谢的过程中，脱氢表雄酮的作用与人体内的紧张激素——皮质醇的作用相反。它能够使紧张激素带给身体的副作用得以降低。在人体内部，这是一种常见的化合物，甚至在某种程度上，它可以称作是“激素之母”。

科学家们通过试验证明，动物在注射了脱氢表雄酮之后，寿命大约可以延长50%左右。注射了脱氢表雄酮之后，这些动物都变得更年轻、更有活力。对人体来说，它还可以帮助预防体重过重以及防治癌症。科学家们通过对人体的研究发现，在人体的血液之中，如果脱氢表雄酮的含量过低，会使罹患癌症的风险增加，还容易患上像阿尔茨海默氏病、骨质疏松症、心肌梗死这样的老年病。此外，科学家们还发现，脱氢表雄酮能够增强人体的免疫力，并且有助于睡眠。此外，它还控制着人体内部的脂肪储存。人体摄入的卡路里是被作为脂肪储存起来，还是被转变成热能，都是由它来决定的。它能够让我们的身体保持正常的标准体重。

在平均年龄为25岁的年轻人的血液中，脱氢表雄酮的含量是最高的。在平均年龄40岁以上的人的血液中，脱氢表雄酮的含量大约会减少一半。并且它会随着人体年龄的增加而不断减少。如果人体血液中的脱氢表雄酮的含量处于最佳状态，那么它就真的好比“青春之源”。就如同褪黑素一样，它只需要通过两种非常简单的机制就能够得以完成，也就是通过人体内部均衡的激素平衡和良好的睡眠来完成。脱氢表雄酮能够让我们的睡眠更加轻松，能够帮助我们实现有梦睡眠和无梦睡眠的更替。

脱氢表雄酮还能让我们的头脑变得清醒。在每天清晨，我们体内血液中的脱氢表雄酮的含量会增高，会让我们从睡梦中醒来，所以我们的大脑此时充满活力。只要体内血液中的脱氢表雄酮的含量足够高，我们的大脑就能够一整天保持清醒。

脱氢表雄酮是人体用来对付紧张激素——皮质醇，以及人体过度紧张的保护剂。如果人体紧张过度，生命有机体就会磨损得更快。此时，就犹如紧急刹车一样，脱氢表雄酮是人体的“紧急制动器”。

血液中脱氢表雄酮的含量是很容易被检测到的。如果我们的体内血液中确实缺乏脱氢表雄酮，我们可以用药物进行补充。不过，要使脱氢表雄酮在人体血液中能够保持正常含量，就离不开正确的生活方式，尤其不能够精神紧张。紧张和过于忙碌，只会使血液中的脱氢表雄酮流失得更加厉害。

科学家们建议，随着人的年龄逐渐变老，血液中的脱氢表雄酮的含量逐渐下降，我们可以通过服用药物，使它的含量重新提高到年轻时候的水准。总的来说，凡是经过了脱氢表雄酮治疗的患者，身体都更具有活力，睡眠质量也得到了改善，而且皮肤变得更光洁而富有弹性，性欲也得到了提高。但必须注意的是，服用脱氢表雄酮，只能在医生的指导下进行。

☆ **如何让体内的舒适激素保持平衡？**

那么，我们如何才能够让体内的舒适激素保持平衡呢？科学家们有如下建议：

1. 当人体缺乏维生素和矿物质时，我们可以通过摄入饮食进行弥补。可是，如果我们体内的激素失去了平衡，就不能完全依赖饮食来弥补。另外，人体内激素的生成与我们在日常生活中的营养饮食其实也并没有太大的关系。人体内激素的生成主要取决于各种营养的平衡。所以，要使我们体内的激素平衡达到最好状态，日常饮食一定要多样化。

2. 要使我们体内的激素平衡达到最佳状态，在日常生活中，要尽量少吃糖、油腻的食物，不要大量抽烟、喝酒，因为它们对人体内的舒适激素具有破坏作用。

3. 如果你希望自己的心情保持愉快，睡眠质量得以提高，那么在日常饮食之中，最好能将蛋白质和碳水化合物结合起来。每天清晨，我们摄入体内的营养饮食，能够使血清素的功能启动——血清素能够使我们产生好心情。血清素的主要构成物质来自于蛋白质中所含的色氨酸氨基酸，而它的生产速度是由食物中的碳水化合物决定的。在黑暗的环境中，血清素能够生成睡眠激素——褪黑素。所以，如果你心情不好，有效的办法是食用含甜葡萄的奶酪，因为它能够为人体供给色氨酸。

4. 在我们每天的食谱中，最好能够有规律地添加橄榄、鳄梨、茄子、奶酪、金枪鱼等食物，因为它们都含有角印次油萜。这是一种类脂肪化合物，它能够帮助我们的身体制造出舒适激素——脱氢表雄酮。如果能够每天吃一次用橄榄油拌的沙拉，这是最理想的。

5. 在我们每天的营养饮食中，一定要有足够的矿物质。这样，能够使我们体内的酶的工作效率提高——酶能够帮助人体合成激素。像水果、蔬菜、乳制品、谷类粮食，都含有丰富的矿物质。

6. 在每天的日常饮食中，我们需要摄取足量的维生素C。人体内许多激素在合成的过程中都需要它。在新鲜水果和蔬菜中，都含有大量的维生素C。不过，对人体来说，大多数营养并不能够满足需要，尤其是在冬季，以及当我们患病的时候。这时，建议大家可以服用一些抗坏血酸钾胶囊——它是一种与钾化合的维生素C，既容易消化，也容易被人体吸收。

7. 要预防缺镁。因为人体内的许多激素，都需要借助镁，才能起作用。像可可、奶类食品、坚果、含镁元素的矿泉水等，都富含镁。

8. 在我们每天的日常饮食中，要摄入充足的蛋白质，像谷类粮食、各种肉鱼，等等。蛋白质与生命及各种形式的生命活动紧密联系在一起。机体中的每一个细胞和所有重要组成部分都有蛋白质参与。可以说，蛋白质是生命的物质基础，没有蛋白质就没有生命。

9. 尽量减肥，保持标准体重，不要让体重增加。科学家们发现，那些肥胖的人比体重正常的人更容易罹患激素方面的疾病。

10. 在我们的日常饮食中，尽量摄取足量的一价或者多价不饱和脂肪酸。在几乎所有的植物油和鱼油中，都含有一价或多价不饱和脂肪酸。它们有利于维持人体内部激素的平衡。

11. 让日常生活保持规律。人体内部激素的活动可以保持规律性。但是，如果我们的日常生活不规律，一片混乱，那么，体内激素的活动也会变得混乱而毫无规律。尤其像进食时间和睡眠时间，都应该具有规律性。只要生活规律了，我们体内的激素自然就能够日渐趋于平衡状态。

12. 尽量避免让身体长时间处于紧张状态。如果身体长时间处于紧张状态，我们体内的舒适激素——脱氢表雄酮会受到影响，而且最终会使我们体内的激素发生混乱。

第五章　合理的生活方式带来更多的生命能量

人体内部储存的能量是固定的，无法改变。能量好比汽车油箱中的油，“油”什么时候被用光，除了由遗传决定的生命的代谢速度，还取决于个人的生活方式。

人体内储存的能量，犹如地球上的资源，在消耗的同时，我们不能对它们进行补充。所以，储存在地球上的很多资源，像煤、铁，都是不能再生的。同样，人体也不可能永远年轻，生命不可能不死。目前，在世界上还不存在任何一种能量药丸。所以，在我们的日常生活中，要尽可能节省能量。而节省能量，也并不意味着丧失生活的质量。相反，节省能量，能够使我们的生活变得更加轻松，更加舒适，更加丰富多彩。

人体内部储存的能量是固定的，无法改变。能量好比汽车油箱中的油，“油”什么时候被用光，除了由遗传决定的生命的代谢速度，还取决于个人的生活方式。所以，谁懂得节省生命的能量，谁体内的能量就消耗得慢，而且生活也并不会因此而变得无聊。只要熟悉生命能量的规律，你就能够很快发现，在哪些方面投入能量更具有意义，而且还能给你带来快乐；在哪些方面既耗损能量，又不会让你心情愉快。在下面的篇章中，我们会提到，在人生的旅途之中，如果能够爱惜自身的资源，那么你的生活将会更加舒适而幸福。只要你能够很好地掌握能量的平衡，你就能够享受到生活的快乐。只要你留心，你每天都会发现，节约身体的能量能够带给你充足的回报。而这一回报，并不只是在你生命即将结束的时候才能感受到。

节约能量，你的身体就会用健康和活力来感谢你。只有在这种情况下，越长寿才会越快乐。

一、让身体器官健康而有活力

人体犹如一辆汽车，汽车内的各个部件都在逐渐老化、生锈、失去作用，人体内部的器官也存在着衰亡的过程。心脏、肺、肾、肝，都是人体十分重要的器官。一旦它们完全丧失功能或者不能再恢复功能时，生命就会结束。

事实上，绝大多数人的死亡，都是由于器官失去功能。当人体内部最弱的器官死亡之时，人自身也就面临着死亡。这样的衰亡过程，并非仅仅存在于老年人的身上。在我们每个人一出生的时候，这个过程就已经开始了。

不过，我们要等到三四十岁，才能够真切地感受到这一点。此前，年轻的我们不会对它产生兴趣。而当每个人进入三四十岁时，生命也会开始呈现出衰老的迹象。此时，它给人造成的痛苦，仅仅是外表上带来的一些烦恼，像头发日益稀少、发丝开始变白、脸上开始有了皱纹、身体的活力开始下降，等等。科学家们已经证实，实际上人大约从30岁开始，体内的各种功能都开始衰退。只是，每个人的感受不一样，有的人感觉明显一些，有的人感觉不明显。人体内部所有器官，都会呈现这样一些衰老的迹象：

1. 工作能力下降，工作效率降低。在年轻的时候，我们从事超负荷的体育运动、抽烟、喝酒、吃过于油腻的食物，都不会感到有什么异常。而此时，这一切却越来越成为我们的负担。

2. 我们对外部环境的适应能力开始下降，像辐射、温度和光线的变化等，对于我们都可能会产生影响，尤其是气候的剧烈变化，可能使我们的身体需要更长时间来适应和修复。

3. 我们变得很容易生病，尤其是当我们的器官出现损伤时，更容易受病毒的侵袭。此时，如果我们体内的器官还在承担着超负荷的工作，那么机体的磨损和衰老就会加快，身体内部的平衡也越来越难以维持。

总的来说，谁珍惜自己的器官，谁就能更健康，生活得更舒适。人体内部所有的器官，都需要靠基本活动维持功能。所以，并不是真正的懒惰或者完全拒绝活动，就能保持身体的健康。那么，应该如何爱惜我们的身体器官呢？下面是科学家们给予我们的建议。

☆ 关于皮肤的保养

皮肤可以准确地诉说一个人的生理年龄，也是能够反映人体内外磨损程度的一面镜子。要保养皮肤，就要注意我们在日常生活中的营养、日常的皮肤保养工作，还要有充足的睡眠。不要太依赖各种化妆品。化妆品也许能够帮助我们遮掩皮肤上的瑕斑，但是却不能够杜绝皮肤的老化。

皮肤能够明显反映出我们身体的衰老程度。随着年龄增长，皮肤会变得越来越薄，最终失去弹性，形成皱纹。年轻的时候，在我们的皮肤中，布满了充满弹性的纤维组织。可是，随着年龄变大，这些纤维组织就会变得松弛。导致这一结果的主要原因是皮肤内部的结缔组织的分子网络化，会形成坚固的联结，致使皮肤中含有的水分减少。当皮下的脂肪垫消失后，身体和面部皮肤就不会再像儿童那样饱满和新鲜。在人体内部，能帮助皮肤防晒的黑色素就会不受控制，并且不均匀地沉积下来，最终在皮肤上出现老年斑。在皮肤内，由于脂褐质颗粒不断沉积下来，蛋白质和胆固醇颗粒的沉积，也会构成褐斑。不过，只要知道生命能量的秘密，就能让自己的皮肤长时间保持年轻状态。就像我们在前面说过的那样，人体内部的任何一次生命过程，都只能在有限次数之内重复。皮肤细胞的分裂能力也是一样。所以，皮肤老化的规律并不复杂，凡是能够加速细胞分裂的因素，都会加速皮肤的衰老。那么，我们应该如何保持皮肤的年轻状态呢？下面是科学家们的一些建议，这些建议主要建立在皮肤生物学的基础之上。只要你坚持，那么即使年老，你将仍然具有年轻时的外貌。

1. 合理地进行日光浴，有助于保持皮肤的年轻状态。阳光中的紫外线，能够加快皮肤细胞的分裂，但是也会让皮肤老化得更快。所以，阳光辐射，既能加快细胞的分裂，又能加速老化的过程。与面部皮肤相比，常年被服饰遮掩的皮肤，老化的速度就会慢一些。如果经常晒太阳或者日光浴超量，很容易使皮肤被灼伤，导致皮肤层经常性地更替。所以，在进行日光浴时，一定要合理，注意时间不宜太长，而且在晒太阳之前，最好能先给皮肤涂抹一层防护油脂。过量的日光浴，会导致皮肤变脆，更容易出现皱纹。一旦皮肤开始老化，使用任何化妆品也无济于事。

2. 尽量避免脱皮治疗。所谓脱皮治疗，就是借助特殊的药物，帮助你将老化的皮肤层脱去，并重新迅速生长出一层新鲜、娇嫩的皮肤。听起来不错，可是，皮肤衰老的速度会更快，因为细胞分裂会进一步受刺激，而且会严重影响到皮肤的代谢过程。很多时候，在美容院中，我们会被建议使用果酸一类的清洁美容产品。可是你知道吗，果酸能够加速皮肤的老化，因为它们对皮肤细胞具有强烈的刺激。而细胞的分裂次数是有限的，细胞的每一次分裂都会造成磨损。当细胞的分裂达到极限之后，皮肤就彻底衰老了。虽然使用了含果酸的美容产品后，皮肤可能会变得更加光滑、更柔韧而有弹性，但这只是暂时性的。从长远来看，它会让我们付出更多的代价——皮肤的老化加快，细胞的更新和磨损加快，等等。果酸还可能让皮肤对外界的刺激变得更加敏感。使用了果酸产品之后，能够保护皮肤的角质层会变得越来越薄，皮肤更容易受到紫外线、阳光和其他化妆品的损伤。

3. 尽量不要吸烟。吸烟会“掠夺”皮肤生成新胶原所必需的维生素 C，会让人更快地产生皱纹，会让皮肤看起来干巴巴的，没有弹性。

4. 尽量保持充足的睡眠。在睡眠之中，人体内的脂肪和水分才能充分沉积到皮下组织之中，才能使皮肤重新变得红润而有弹性。所以，睡眠是皮肤最好、最廉价的美容剂。

5. 在日常饮食中，要注意营养的摄入和平衡。皮肤要依靠人体内的血液进行滋养。如果体内的血液能够充足地供给皮肤，就能迅速修复皮肤的损伤，并使面色红润、富有光泽和弹性。

下面，我们列出了一个表格，帮助我们对能够美化皮肤的营养物有更全面的了解。

物质	作用	包含于下列食物之中
维生素A、β－胡萝卜素	能够使皮肤光滑，让人体毛发和指甲更健康	某些鱼类、肝、黄油、奶酪、黄色蔬菜和水果、菠菜、生菜
维生素C	能使皮肤结缔组织富有弹性	新鲜水果和蔬菜，尤其是柠檬
维生素E	防止皮肤因老化而造成的色素沉着	植物油
不饱和脂肪酸	使皮肤有弹性、柔软	植物油、鱼油
角鲨烯	防止皱纹的形成	鳄梨、鲨鱼油
半胱氨酸	改善皮肤结构	蛋、奶、全粒谷物
钾	促进皮肤、毛发和指甲的更新	乳制品、黑绿色蔬菜（花茎甘蓝、独行菜、羽衣甘蓝、蒲公英）、坚果
铁	改善皮肤之中酸性物质的供给，让皮肤红润	红色肉类、洋葱、甘薯、马齿苋
锌	保护皮肤和毛发不受外界环境的损伤	牡蛎、麦麸、埃丹红壳奶酪、啤酒酵母、葵花籽

另外，要保持皮肤的健康和年轻，千万不要节食减肥，但是也不要暴食增肥。因为在增肥的时候，皮肤中的结缔组织会发生扩张。而在减肥的时候，皮肤中的结缔组织又会收缩。如果这个过程反反复复地进行，体重就会明显地波动，皮肤就会

变得更加松弛，犹如一根被反复牵拉的橡皮筋一样。

☆ **你重视肠胃的健康吗?**

肠胃也是人体的重要器官，它们会随着人的年龄增长，工作的效率日益降低。

1. 随着年龄增长，肝脏的供血机制变差，能够生产的消化液减少，为身体解毒的能力也越来越差。

2. 人体肠胃中的消化液会减少，消化的过程会变慢。

3. 人体内部的胰腺能够分泌的胰岛素越来越少，会使患糖尿病的危险增加。

不过，对于消化器官，很多时候我们都无能为力。因为消化器官的工作，在很大程度上取决于营养饮食的数量和摄入方式。而人的情绪一旦紧张，也会影响到肠胃。因为在肠胃的内壁，都布满了植物神经纤维。

那么，如何保持肠胃的健康呢？科学家们提出了如下建议：

1. 在日常饮食中，尽量保持营养的均衡，避免摄入有害食品，多吃容易消化的食物，这样可以减轻人体消化器官的负担。

2. 在日常饮食中，尽量控制肉食的摄入，多吃谷物、坚果、全粒谷物、乳制品等含有高蛋白质的食物。

3. 在吃饭的时候，速度不要太快。如果吃得太快，会耗费不必要的能量，并产生一些不必要的脂肪垫。

4. 在空腹的时候，最好不要喝白酒，也不要吃辣的东西和冰冷的食物。

5. 经常关注自己，看看消化器官的供血状况是否良好。坚持饭后散步，注意夜晚的保暖，可以改善肠胃的供血状况。

6. 在生活中，尽量避免不必要的紧张。

7. 谨慎使用泻药，因为泻药会伤害肠道，即使纯植物性的泻药对肠道一样是有害的。

☆ 有关肌肉的调理

在人体所有的器官中，肌肉大约占 40% ~50%，而且它是人体最主要的器官。肌肉有助于人体的运动、姿势、手势和面部表情，而且它在很大程度上，决定着与人的年龄有关的一切现象。因此，肌肉的衰老现象引人注目。

人体随着年龄的增长，肌肉也会日益减少。肌肉中的肌肉纤维也会减少，甚至还会有一部分肌肉纤维会被没有功能的结缔组织或者脂肪代替。由于人体内部的肌肉细胞的数量固定不变，而且肌肉细胞在分裂以后也不会再分裂。所以，一旦受损伤或者被替代，新的细胞也不会再生成。

人到了大约70岁的时候，肌肉的质量比20岁时大约减轻30%左右。当然，肌肉的类型不同，其减轻的程度也有区别。肌肉的直径和各种肌肉之间的比例，如果在20岁的时候是100%，那么到了100岁时，就会减少到大约55%。

人到了65岁左右时，肌肉的力量大约会减少20%～40%。所以，在人的一生之中，肌肉的效率大约在25～30岁的时候是最高的。30岁以后，肌肉的效率就会随着年龄的增长不断下降。男性到了70岁，女性到了65岁之后，肌肉的效率大约只有最大值的65%。同样，肌肉的反应能力也会随着年龄的增长而递减。大约在70岁时，肌肉的反应能力比20岁时要低50%左右。

只要你有规律地锻炼肌肉，并且能够坚持下去，就能长时间地保持肌肉的年轻和活力。同时，还要防止骨质疏松症。

在年迈之时，肌肉和神经系统之间的协调性能，也不像年轻时候那样好。因此，老年人的动作总是显得不太灵活。那么，我们应该如何应对这些情况呢？科学家们建议如下：

1. 有规律地坚持体育锻炼，能帮助锻炼肌肉，而且时间越早越好。科学家们经过研究证明，人在 70 岁的时候，仍然能够达到正常的锻炼效果。此后，人们就只能维持肌肉的现状。

2. 经常锻炼身体上用得少的肌肉。例如，当胳臂锻炼得很好时，能有效防止骨折。因为胳臂在经过锻炼之后，能在跌倒时进行有目的的支撑。

3. 如果肌肉不小心损伤了，一定要认真地治愈，不要忽视。

4. 如果肌肉出现硬化，要通过小心的运动和按摩加以解决。

5. 在日常饮食中，注意全面的营养。只要营养全面，就能保证肌肉获得必需的营养结构物质和功能物质。

☆ 心脏和血液循环——生命的重要指征

通过体育锻炼，我们能让心脏和血液循环系统保持健康状态。心脏的大小和年龄有关。人在 20 岁左右的时候，心脏的重量大约是 260 ~ 280 克。

在我们身边，很多人都患有功能性的心脏病。此时，虽然心脏在器质上是健康的，可是心脏的工作却显得不太正常，而导致这一问题的主要原因是人体内的植物性神经系统。因为植物性神经系统能够传导精神的“脉冲”，并造成生物节律的混乱。诸如紧张的人际关系、过重的体力劳动、在单位被同事排挤、经济困难，以及其他类似的事情，都会造成植物性神经系统的紧张，而这种持续的紧张状态，又会使人体心脏的节律失常。遇到这些情况，就需要采取补救措施。

人到了五六十岁，心脏的重量大约会增长到310～350克，然后再急剧下降到220克左右。同时，随着年龄的增长，人体的血压也会增高。人体的动脉硬化估计就与血压的增高有关，因为血压增高，会在人体血管内导致沉积，使得血管的弹性和容积变小。随着年龄的增长，人体的肺脏功能也会减弱，肺的效率和张力也会减弱，于是，进入肺部的空气就会减少，能够到达体内的氧气量也会减少。

所以，科学家们建议：

1. 我们在年轻的时候，就要坚持合理的、有规律的体育锻炼，尤其是能够锻炼耐力的体育运动。

2. 在日常的饮食中，要注意营养的均衡和全面。

3. 在日常生活中，要保持心理的健康和平衡。如果情绪过于紧张，会影响人体的心律，甚至还可能影响呼吸。

☆ 你能正确认识感觉器官吗？

人到了老年，感觉器官也会功能减退。例如：即使物体在近处，眼睛也会越来越看不清楚。人大约到了四五十岁时，老花眼的问题就会异常明显。当然，也有少数人在10岁左右就患上了老花眼。这是由于眼睛内的晶体失去了弹性，使得辨认近处物体的能力减弱了。眼睛内部的晶体纤维结构改变，变得发黄，晶体也因此变得不再透明，并且对光线明暗的调节能力也减弱了。同时，瞳孔的反应速度减慢，在黑暗之中，瞳孔不能再放大，眼睛的视野和深度也会受限制。

除了视力，随着年龄的增长，听觉能力也会逐渐减弱，尤其是高音会越来越听不清楚。科学家们推测，人的听力之所以随年龄的增长而丧失，主要原因很可能是内耳中听觉细胞的丧失。

嗅觉和味觉也会随着年龄的增长而变差。与眼睛相比，很多人对嗅觉、味觉都不是那么重视。然而，这些功能的丧失，对于老年人与环境之间的关系，却有着重要的影响。而且嗅觉和味觉的丧失，通常都会令老年人胃口不佳。

在人的一生之中，味觉细胞的数量会从8000~12000个，减少至2000~3000个。人体味蕾的数量，也会从10~20岁时的245个，减少至45岁时的208个，再减少到65岁时的88个左右。

人体的感觉器官功能与心脏、血液循环和肌肉功能不一样，不能够直接进行锻炼。所以，它们更需要珍惜，并受到良好的保护。要使得视力、听觉、嗅觉、味觉这些重要的器官健全，保持饮食营养的均衡至关重要。只有当饮食营养均衡了，才能通过血液，为这些重要器官提供它们所需要的营养物质。此外，要保护好感觉器官，最好避免让感觉器官接受过于强烈的刺激，像噪音、长时间看电视，等等。

科学家们经过研究发现，在人们每日三餐的营养饮食中，有一些能够增强人体活力的物质。有意识地食用含这些物质的食物，能够有效预防因为年龄因素造成的视力、听力、嗅觉和味觉等感官方面的问题。例如：像对眼睛来说很重要的营养素，可以通过相关的营养饮食或者营养类药剂来进行补充。

在下表中，我们列出了一些对于人体异常重要的元素，以及它们的来源：

增强人体活力的物质	来源
维生素 C	柠檬、柿子椒、蔷薇果、欧芹
维生素 E	植物油、谷物胚油、谷物胚芽
类胡萝卜素（叶黄素、玉米黄素）	西红柿、胡萝卜、南瓜、白菜、欧芹
维生素 A	鱼油、肝、蛋黄、乳或乳制品
核黄素	酵母、谷粒、奶、奶酪、蛋
叶酸	绿色叶用甘蓝、小麦胚、牛肝
生物类黄酮	水果、蔬菜
锌	鱼、甲壳动物、肉类、奶或奶制品、全谷物
硒	鱼、肉、大豆、稻米、芝麻、可可豆、巴西坚果、欧洲螯龙虾
半胱氨酸	蘑菇、白菜、豌豆、菠菜、玉米、葡萄
牛胆素	藻类、蘑菇
二十二烷己烯酸	肥的鱼类、鱼油

☆ **如何保养大脑和神经系统？**

随着年龄的增长，人的大脑功能也会受到明显的限制。年龄增长，大脑的质量也会略微减少。20 岁时，人的大脑平均质量大约是 1400 克；到了 60 岁，人的大脑平均质量大约是 1335 克。这是因为在大脑中，神经细胞一旦丧失，就不能再生新的细胞，老死或者丧失的脑神经细胞不能再被代替。这种损失并不会波及大脑的每一个区域。在大脑的一些区域中，神经细胞有可能会损失 30% 左右。此外，随着年龄的增长，人体内部的脂褐质会日益沉积在大脑的神经细胞内，并导致所谓的衰老斑。再加上人体毛细血管的供血量也会随着年龄的增长逐渐减少，失去对部分大脑神经细胞的滋养能力。这一切变化，都会造成老年性健忘，带来人格的变化，让人缺乏适应能力，理解能力减弱，性格过于执拗，等等。不过，人的记忆能力却可以很好地进行锻炼。

所以，我们在日常生活中，除了要锻炼肌肉，也应该锻炼大脑。经常猜一猜字谜，进修老年大学的课程，或者做集体游戏，都能帮助老年人锻炼大脑。只要经常坚持锻炼大脑，那么即使你年事已高，仍然能够保持精神的活跃，并能够独立生活。

那么，我们应该如何保养大脑和神经系统呢？科学家们的建议如下：

1. 经常有规律地进行脑力活动，这样有助于思维器官直到老年仍然健全，而且有效率。

2. 如果人体不断分泌紧张激素——皮质醇，会使脑细胞死亡的速度加快。所以，在日常生活中，尽量放松、愉悦，避免不必要的紧张，尽量不要服用皮质醇药物。紧张的生活状态和皮质醇药物，对于我们的大脑和神经系统都没有任何好处。

3. 尽量保持与社会的密切接触，有助于使大脑各方面的功能都得到很好的锻炼。

☆ 精神紧张和大脑衰老有什么关系？

如果我们长期处于紧张状态，我们的身体就会分泌大量的紧张激素——皮质醇，而皮质醇会使大脑细胞的死亡速度加快。尤其不幸的是，皮质醇会导致海马中的脑细胞死亡。海马是人体大脑专门调节记忆能力的区域。而人的自然衰老一样会加速海马内脑细胞的死亡。如果人体在衰老的同时，也长期处于紧张状态，那么情况尤其不利。此时，大脑内可能会出现脑细胞的“群死”现象。人的记忆能力会明显减退。遗憾的是，不少年纪大的人，甚至还人为制造这样的情况。为了对付风湿等疾病，他们总是会让医生大剂量地开一些合成的皮质醇药剂。假如为了治疗疾病，长期服用这样的药物，对大脑会产生很大的伤害。

二、如何通过自然的生命节律保持健康?

科学家们早已认识到，地球上所有的生命有机体，在其生存期间，都会受生命节律的影响。不论是人还是动物，都离不开每小时、每天、每个季节中相互交织的节律。这些生命节律，会影响生命的效率，决定着人和动物是活动还是休息，并且全面决定着生命有机体的生活节奏。当然，要让生命节律处于正常状态，首先要按照相应的由身体发出的生物学信号来生活。

美国科学家在最近的研究中发现，在人体的生命节律中有两个重要阶段，一是持续时间约 90 ~ 120 分钟的活动阶段；二是持续时间约 20 分钟的恢复阶段。也就是说，人的肉体和精神，每隔 90 ~ 120 分钟，就需要有一个小的休息阶段，只有这样才能够保持身体的健康。在休息阶段，人的肉体和精神可以得到恢复，从而使肉体和精神避免日常生活中的紧张现象。像这样的劳逸循环能够防止人体过于疲劳，预防疾病的发生，所以也被称作是“超级治疗反应”。虽然休息阶段的时间很短，可是我们的身体却异常需要。如果人体经常忽略自身所发出的休息信号，持续不断地工作，直到筋疲力尽，那么这样做只会加快机体的磨损，让人提前衰老，并且很容易暴发疾病。

如果长期都持续工作，很少有休息时间，那么迟早会得疾病。因为人体在努力工作之后，肉体和精神都受到一定程度的“损伤”，并且需要有一段恢复过程，以重新“修理”因为持续性的紧张、过度劳累而受到的损伤。所以，只要能够按时安排好休息时间，即使是艰苦的劳动、紧张的生活，也不会给人体带来太大的损害。如果你的身体出现了下列迹象，那就意味着你需要好好休息了：

1. 总是想伸展一下身体，起身运动一下。
2. 不断地打哈欠或者总是叹息。
3. 工作效率下降。
4. 感到饥饿、口渴，或者想排尿，等等。
5. 心情感到压抑。
6. 健忘，变得粗心大意。

记住，不管你在什么时候发现了这些由身体发出的信号，你都应该立即放下手中正在做的工作，马上休息。此时，你可以打开窗户，伸伸懒腰，进行深呼吸，放松紧张的神经。如果有可能，你还可以稍微散步，按摩一下自己的脖颈和肩膀，吃一点儿东西，补充一些能量，或者想一想关于下次休假的事情。这样休息一会儿后，你的精神就会重新振奋起来，并重新开始高效地进行工作。假如人体只是偶尔欠缺休息，那么身体还是可以调节和自我恢复的。可是，如果人体总是在持续紧张和持续工作，缺少这样短暂而必要的休息，身体就无法进行调节和修复。久而久之，最终会导致肉体和精神的崩溃。所以，只要你能够按时休息，安排好休息时间，你就能够避免生命能量的过快消耗，并且在紧张工作了一天之后，当你放松并重新回到家中，你会有更多的精力享受生活的乐趣和美好。

三、让生命节律始终如一的奥秘

犹如大自然中的季节更替，人体也应该劳逸结合。在每个人的身体内部，都有生物钟在运行。人体内部的生物钟，决定了体力劳动和脑力劳动的效率和周期性波动。所以，人的体力和脑力劳动的周期性波动是正常的。因为人是视觉性的动物，人的日常活动主要是由视觉脉冲控制，所以，阳光对人体异常重要。阳光直接干预人体内部的激素平衡。

所以，要使你的身体在平衡中保持力量，就应该按照身体的需求，劳逸结合。这一点，在一年之中，你可以明显感觉得到。在人体内部对阳光产生的反应中，松果体起着重要作用。松果体是大脑中的一个器官，大小像豌豆一样，并以眼睛作为感受器。在松果体中，记录着各种关于光的刺激，像白天的长度、季节的更替，等等。科学家们在最新的研究中还发现，松果体内也记录着外界环境冷热的温度变化。

在黑暗的环境中，松果体会产生褪黑素。褪黑素可以让人感到疲倦，促进人体的睡眠和休息，并通过其他的一些激素，减少人的体力和脑力活动。当生命状态处于夜晚之时，这个过程非常有意义。

由于冬季的光线少，褪黑素的产生达到了高潮。所以，在冬季，褪黑素在人体血液循环中的含量比夏季的时候，大约多10% ~20%。因此，人在冬天的时候，对睡眠的要求比在夏天的时候高。所以，尽量在冬天多安排一些时间进行睡眠和休息，这是有特殊意义的。但这也并不意味着人在冬季不要从事任何运动。在冬天特别晴朗的时候，可以进行一些户外的体育活动。即使天气不太好，也可以外出呼吸一些新鲜空气。

今天，我们穿的衣服，适合任何一种气候条件。而且我们也不用担心早睡对我们产生的影响，更不用担心自己睡眠的时间太长。这样做，比起我们用人造光来延长白天，更具有意义，更令我们的生命有所收获。

在动物界存在着冬眠现象。冬眠是一些动物用来节能的特殊方法。所以，凡是冬眠动物和夜晚睡眠的动物，例如刺猬、蝙蝠，与那些总是在不断活动的动物相比，要长寿得多。在状态良好的条件下，蝙蝠的寿命可以长达20~30岁，有的甚至还能活到40岁。相比之下，大型家鼠的寿命，却只有短短的4年。

到了春季，即从立春这天开始计算，情况就会发生变化。此时，虽然白昼仅仅延长了几分钟，但是松果体仍然将这一变化记录了下来，并“安装”上了与之相适应的“激素软件”。

所以，其实从这一天开始，我们就能注意到春天的迹象。到了每年的三、四月份，白天就会明显延长。此时，人体内部褪黑素的浓度也会明显减少，而雄性的性激素——睾丸素会成为机体的主要操纵者。于是，就出现了所谓的“春情”、“发情”、“思春”。只要你能通过这些迹象，有意识地感受到大自然的觉醒，并推开窗户，去户外散步，就能为你的健康带来好处。春天的阳光犹如激素治疗药物一样，此时，你应该立即将自己身体内的这些生理活动，应用到新的人生目标之中。所谓“一年之计在于春”，春天更容易实现新的人生计划。

最重要的是，不论在什么季节，你都应该到大自然中去，观察植物、动物、太阳的位置，体会空气和天空的变化。这样，你才能更直接地感觉到大自然的脉冲，并从自然的力量中得到好处。只要你能做到这一点，气候的变化对你来说，就不会再成为一种障碍。

四、人为什么会“春困”？

什么是“春困”呢？“春困”现象是怎么形成的呢？在我们周围，大约有40%的人在春天的时候，都会感到浑身乏力，容易疲倦，感觉身体内缺少动力和能量。这种现象，在医学教科书中，没有提到过；在大自然的程序中，也并不存在。它是人体自身造成的结果，是一种营养缺乏症。如果你在冬天对自己的身体漠不关心，那么到了春天，你就会感觉到疲劳，并且机体难以变得紧张起来。

当然，在某种程度上，人体内的激素也会起作用。当天色暗下来后，人们往往喜欢吃有味道的、油腻的食物或者甜食。并不是每一个人都喜欢在纷飞的雪花和霏霏细雨中漫步。由于营养饮食的改变以及人体所从事的运动行为的改变，导致了一些不同的后果，那就是血液中维生素和矿物质的含量降低了，于是形成了代谢的沉积物和脂肪垫。此时，人体内部的血液循环和新陈代谢，都维持在一个很低的水平上。

另外，当人体感觉疲劳乏力的时候，还容易被病菌感染。此时，只需要制订一份有目的的营养饮食计划和一份有针对性的体育锻炼计划就可以帮助身体恢复健康。

五、健康得益于生活有张有弛

在持续紧张的工作之后，尝试着放松自己。去海边休假吧，或者游历名山大川，或者住进某个乡村的小木屋中，一个人自由自在地过两天，在大脑中排除任何与工作和城市相关的事情，放松自己两天。这样，你会获得彻底的放松，内心深处会重新充满力量，会有一种截然不同的全新感觉。

只要你能够随着季节的变化调节自己的身体需要，你就能够按照理想的方式生活，并节省体内的能量，而不需要为生命能量的过度消耗操心。但遗憾的是：今天，人们总是高效率、快节奏地工作，很少有人珍惜自己生命的能量。为了身体的健康，实在有必要选择健康的生活方式。当然，选择一种适合自己的健康而独特的生活方式，是需要勇气的。只要你不让生活将自己逼迫得过于紧张，你生命中的能量就能更加持久。

所以，当你为自己制订年度计划时，千万不要忘记，一定要让自己休假！

休假能够帮助你缓解精神的紧张状况，能够帮助你抵御疾病的侵袭，能够帮助你应付身体的疲劳。科学家们建议，在制订休假计划的同时，一定要注意调节人体生物钟的不平衡。假如你的日常生活比较单调，你就应该多体验不同的文化，多从事一些“冒险”的旅行。从这种新的冲动的力量中，你能够获得许多益处。反之，如果你因为职业的原因经常出差，那么在休假的时候，你就应该选择在自己的家乡，或者在一个安静的地方“自然旅行”。此时，你需要有安静的环境放松自己的肉体和精神。

春季和秋季是最好的休假时节。此时，人体的大部分器官都正在面临生物学上的变化。科学家们经过研究还发现，人每年休两到三次假，每次大约休息 8～10 天，远远比一次性休息三四周的时间更为有效。

六、11种让你快乐而精力旺盛的好方法

在你的身边，一定有一些人，他们每天都充满了能量与活力。他们的生活效率从来没有突然下降。但是事实上，现实中没有任何人能够在能量方面持续处于高潮状态。凡是那些让人感觉总是充满能量与活力的人，实际上都是懂得节省生命能量的人。在日常生活中，他们不允许自己消耗太多的能量。

那么，有什么方法可以让你身体的能量曲线一直处于合理的范围之内呢？科学家们提出了以下建议：

1. 每天保持充足的睡眠。这样，每天清晨你醒来，就能够携带着饱满的能量去迎接新的一天。

2. 每天清晨，尽量避免从事耗费体力的体育运动，早饭虽然要吃好，但是也不要吃得太饱，并且不要在吃早饭的时候与人争吵，避免消耗过多的能量。如果你试图用早餐代替午餐，并在早餐时间里尽量多吃，那只能扼杀你体内的能量。

3. 经过一夜之后，你的肠胃基本上已经空空如也。此时，一定要食用均衡的营养早餐，像混合麦片、全麦面包、奶酪等，来填充你体内的能量储存器，并且一定要喝够足量的水。如果你的早餐吃得并不多，那么每天都应该按时吃

早餐。不然的话，你体内的能量就会缺失，身体就会缺少活力。

4. 当身体发出休息的信号时，你一定要严肃地对待，并且要为自己安排一个可以放松的时间。

5. 每两餐饭之间的时间间隔不要太长。在每一餐饭中，都要摄取足够的营养物质，尤其是富含纤维的食物，这样可以延缓营养饮食中的糖分在人体内的分解速度，避免人体的血糖含量迅速降低，并且避免身体的过度疲劳以及精力不集中。在日常饮食中，最好多吃像白菜、茎蓝、萝卜、马铃薯、旱芹、茴香这样的粗菜，少吃像菜花、葱、叶用生菜、芦笋这样的细菜。因为粗菜消化得慢，能较长时间避免人体的饥饿感。

6. 如果你在上班时间感到饥饿，千万不要吃糖果和巧克力。尽管糖果和巧克力会迅速提升你体内的能量，但也会让你饿得更快。不过，在饥饿的时候，你可以稍微吃一点儿杏干，因为杏干含有可溶性的糖，能为身体紧急补充能量。在杏干中还含有能在血液中缓慢运动的可溶性淀粉，能持续为身体补充能量。另外，你也可以补充一些附加的β胡萝卜素、钾和铁。

7. 每天喝足量的水。水能够帮助血液循环保持畅通，并让人保持快乐。

8. 在有条件的情况下，每天尽可能午睡一会儿。午睡能够帮助你增加体内的能量。如果没有条件午睡，也尽量在午休时间去有新鲜空气的地方走一走。

9. 尽量避免穿紧身的衣服，因为紧身衣服会影响人体的正常呼吸。如果呼吸太浅，你很快就会感到疲劳乏力。

10. 按时进行体育锻炼，即使只在傍晚散散步，也能够帮助你缓解精神和情绪的紧张。

11. 除了给自己制订每天的生活和工作计划，还应该为自己制订一项长远的个人与职业规划。科学家们发现，那些对生活有目标的人，比起那些对生活没有目标的人，衰老得更慢。

另外，科学家们还建议你把自己每天、每月、每年的目标都写下来，记录在一个小本中。只要你养成了习惯，就能够按照一条成功的人生道路来安排自己大脑中的活动，安排每一天的日常生活。对于已经完成了的目标，你可以打上钩，这样的自我检查法能够给你带来安全感，还能激励你为下一个目标而努力。

第六章　拥有生活的乐趣能让你更健康

很多人都希望自己能够健康地生活，然而他们却都犯了一个致命的错误：他们总是担心自己做错什么，总是生活在恐惧之中。

其实，节能的定义很简单。对生命有机体来说，节能就是单纯地享受生活而已。这种说法可能会令你感到惊讶，但事实确实如此。像听音乐、晒太阳、与伴侣互相依偎爱抚、好好吃上一顿，都有助于人体维持生命的能量，让人保持年轻。

一、快乐：来自灵魂深处的能量

人体的感觉器官是由大自然赐予的。通过感觉器官，我们才能看见事物，听见声音，嗅出味道，尝到滋味，并由此产生心理上的各种感觉。

另外，许多感觉器官还能够为人体带来快感。例如：在吃饭的时候，我们能享受饭菜的美味；在做爱的时候，我们能体会到欢愉；好的天气能让我们心情愉快；充足的睡眠能够让我们精神饱满，等等。许多感官印象在我们的大脑中都具有积极的色彩。还有许多化学物质，能够帮助我们将这些快乐的信号，从一个神经细胞传递给另外一个神经细胞。在我们的大脑中，还有接受和加工这些脉冲的中枢。而这一切又能够被我们意识到。这在生物学上是具有重要意义的。大自然用积极的情感，帮助我们充实了能够促进健康的行为方式。

我们应该把感觉器官用做潜在的能量损失的感受器。只要能够按照感觉器官来生活，感觉器官就能对我们过度消耗生命能量的方式提出警告。通过感觉器官，我们能够感觉到什么对我们有好处，什么对我们有害处，并能照此行动。

可是，在现实生活中，很多人总是忽略身体所发出的快乐的信号，并且用无休止的工作来回应这些信号，或者将这样的快乐予以夸大。例如：偶尔吸一支烟，能使人获得快感，并且对健康有益。可是，如果一支接一支地抽烟，就肯定会危害健康。

只要你能够带着快乐过一生，你就能够与身体内部的能量源泉建立联系，你也会在无意识中，避免身体消耗不必要的能量。此外，你还能够长时间地享受生命的能量。

二、享受：来自感官的能量

人体的感觉器官与周围的世界是联系在一起的。我们可以通过感觉器官了解潜在的危险，比如一辆正在朝着我们迎面开来的汽车，或者一碗变质的饭菜，等等。不过，很多时候，感觉器官产生的感觉也是积极的，能够使人的幸存能力增强。例如：在吃饭的时候，如果不能体会到吃饭的快乐，那么我们就只能得到片面的营养；在性生活中，如果不能体会到快感，人类也就难以繁殖下去。所以，有意识地体验生活中每一个细节的乐趣，可以变成生命有机体内的一种力量的源泉——令我们每天都能够得到能量，并且获得生活的乐趣。

用一切感官来感受生活，享受生活的趣味，有助于我们保持身体和精神的健康，能够帮助我们消除肉体和精神的紧张，并促使我们因为忙碌或其他打击受到损伤的身体尽快恢复健康。此外，这样做还能够帮助我们节省生命的能量。不需要以牺牲健康为代价，我们就能享受到感官的乐趣。

拥有良好的两性关系，经常与心爱的人一起共度时光，伴侣之间经常相拥、接吻以及进行性生活等，所有这些亲密的举动，都有助于激发人体的免疫能力，有益于身心的健康。科学家们发现，在健康长寿的人群中，绝大多数人都拥有幸福的婚姻和家庭生活。

那么，如何使我们的感觉器官变成能量和健康的源泉呢？科学家们建议如下：

1. 重视与伴侣之间皮肤的接触。温柔的触摸、爱抚，能够帮助我们的身体释放出有益健康的信息物质。例如：内啡肽能够让我们心情愉悦；催产素能使我们保持心态的平衡，让我们的行为举止不受约束。好的心情都预先编好了程序，能够帮助我们更好地应付精神的紧张。

2. 经常接吻。英国莱斯特大学的一位科学家发现，人体在经常接吻的时候，大脑能够分泌出一种信息物质——神经肽，这种物质能够让人体内部的免疫系统变得活跃。同时，在接吻的时候，接吻者双方彼此会交换大约250种细菌、病毒、蛋白质和其他物质，这就要求身体必须对它们具有抵抗能力。而我们人体内部的免疫系统是需要锻炼的。

3. 尽量增加身体的热量。经常晒晒太阳，感受阳光的热量，或者洗一洗温水浴，或者蒸一蒸桑拿。不论阳光还是桑拿，温度和热量对人的身体和精神都具有保健作用。

4. 多晒晒太阳。我们每个人的好心情都离不开阳光。光线可以减少人体内睡眠激素——褪黑素的分泌，促进性激素的产生，能够让人活跃。所以，在允许的条件下，多到户外走一走，有助于身体和精神的健康。

5. 经常听听优美的音乐。我们每个人的情绪，都会受音乐的影响。多听一些优美的音乐，尽量多听让人心情愉快的音乐，并且在聆听的过程中充分享受音乐的美妙之处。

6. 充分发挥人体嗅觉的作用。科学家们发现，有一些味道对人体具有镇静作用，甚至有治疗作用。所以，可以把你喜欢的香味找出来，并充满激情地去享受这些香味，从而达到放松、愉悦精神的目的。你也可以点燃一盏有香味的灯，或者蒸一蒸桑拿，或者使用有香气的浴液和香水，等等。

7. 在用餐的时候，尽量把吃饭当做一种享受，体会愉快的感觉。饭菜不仅有利于我们的健康，而且也是一种美味。不合口味的东西，你可以远离它们。偶尔也可以吃一点儿巧克力、多油的点心或者炸土豆条。只要你喜欢，就可以好好享受一番。虽然这些东西都不能够多吃，但偶尔享用一次，同样有利于身体和精神的健康。

由上述这些感官感受所带来的幸福感，会在你的体内产生大量的幸福激素——内啡肽。像这样的幸福激素不仅有利于健康，还能帮助我们提高工作的效率。科学家们已经证实，人体免疫系统中的细胞，能够帮助我们对内啡肽进行识别和判断，并且能够被内啡肽激活。所以，幸福的感觉能够增强我们对疾病的抵抗能力。

三、恐惧和忧虑会让你的健康受损

很多人都希望自己能够健康地生活，然而他们却都犯了一个致命的错误：他们总是担心自己做错什么，总是生活在恐惧之中。其中，很多人的恐惧心理来自于各种刊物向人们建议的所谓“健康的生活方式”，由于信息过于庞杂，最终导致人们产生了畏惧心理。心理学家们把这称为“建议过多综合征”。如果你总是在担心自己的健康，为自己的身体状态是否良好而忧虑，那就会阻碍能量在体内的正常流动，并因此而白白消耗精力。最常见的情况有：

1. 盲目追求身材的健美。很多人弄不清楚竞技体育和体育锻炼的区别，而将它们混为一谈。实际上，这二者是完全不同的。今天，在绝大多数情况下，体育已变成一种严格按计划执行，而不用考虑人体精神状况的、简单的出汗运动。其实，这样做并不一定就能增强身体的健康。相反，可能还会损害健康，缩短人体的寿命。要知道，为健康而运动，并不意味着要作践自己，就像游戏一样，只要是能够给自己带来快乐的，就很容易被融入日常生活之中。例如：爬楼梯、散步，它们都是有利健康的。只有能够令人感觉舒适的体育运动，才是我们所倡导的。同时，也不要过分夸大地认为只要进行体育运动或者吃维生素就能够促进健康。否则，即使是好事，也很有可能会变成“坏事”——危及你的健康。因此，不要把体育锻炼当做任务和指标来完成，而应该将它当做一种娱乐。你可以选择自己喜欢的运动，只要这项运动能够给你带来快乐。在每天的日常生活中，只要你有了足够多的运动，就不需要再制订死板的锻炼计划。

2. 盲目追求健康。今天，关于“健康”的话题异常热门。在书店里，有大量关于健康的书籍；在报刊和电视节目中，有大量关于健康的栏目。而且由于科技的发展、生活的变化，人们对于健康的各种观点也处于变化之中。在有关健康的话题里，人们谈论得最多的就是营养。由于过分讲究营养，医生们发现，有的人正在慢慢患上一种名叫“临床生态综合征”的疾病。例如，有的人被报刊上的报道吓坏了，以至于连续好几个月不吃鱼、绿色蔬菜或水果沙拉、奶酪，而这些恰恰又是人体所需要的重要营养食物。根据报刊中的宣传，这些人误以为这样才是最有利于健康的，可事实上他们的健康状况却在恶化。因为这样一来，在他们的身体内部，就会缺少像锌、欧米茄3脂肪酸、镁、铜这样的重要营养元素。身体缺少这些营养元素，而且在正常的血液检查中，也经常被忽略。还有很多人相信，健康来自精神的作用。所以，他们在日常饮食中，剔除了各种动物产品、蛋类、奶制品等重要的营养食物，并试图以此达到精神和身体的双重健康。实际上，这些人摄入体内的营养都非常片面，而且他们的身体失去了重要的结构性和原料性物质的供应。他们忽略了，精神的健康必须在身体拥有全面营养的基础上才能够达到。所以，你应该随时检查自己的食谱，看看自己的营养饮食是否全面。你还应该重视自己身体对营养的特殊需求，并根据身体发出的信号来安排自己的日常饮食。只要你能够合理安排自己的营养饮食，你就为自己身体的健康打下了基础。

四、你能正确减肥吗？

今天，很多人都习惯称体重或者查看身体的热量表。他们非常精确地计算自己的体重，唯恐体重增加一丝一毫。他们把身材的极端苗条视为自己的理想。每一餐饭，都被他们视为是对体重的一种威胁，最终，他们不再把吃饭当做是人生的享受，而视为一场残酷的战斗。为了身材的苗条，他们经常一个减肥方案接着一个减肥方案，虽然最终可能真的达到了目的，获得了他们想要的体重和身材，但是却极大地损伤了身体和精神。

如果你每次吃饭时，内心都怀有“罪恶感”，那么你体内的消化器官就会受到伤害。即使最终你拥有了理想的体重，也会因为总是在畏惧摄入体内的热量过多，而导致身体和精神的各种疾病。当你失去了吃饭的乐趣之后，你就在心理上为自己的身体植入了错误的程序。那么，我们应该如何摆脱这种恐惧心理呢？科学家们建议如下：

1. 在我们身体的遗传基因中，存在着一套程序，它使我们想吃甜食，或者想吃油腻的食物，并且能够让我们发胖。这套程序，来自于我们的祖先为了生存而遗留下来的基因战略。另外，在我们的体内，饥饿的遗传机制要远远多于饱胀的遗传机制，这也是来自于我们祖先为生存而遗留下来的基因战略。如果吃了大量的汉堡包、混合麦片粥，或者有蛋黄酱的炸土豆条，同时又缺少足够的运动的话，那么会导致生命代谢的混乱，使代谢程序感到不适应。所以，我们要少吃上述食品，并且保持充足的运动量。

2. 我们每一个人，都有令自己感到舒适的体重标准。这个人可能会稍微胖一些，那个人可能会稍微瘦一些。实际上，要看自己的体重是否合适，主要看你的体重是否能够令你自己感到舒适。

3. 虽然科学家们说，身体过分超重会损害健康，但是，稍微超重一些，对健康并没有什么负面的影响。

总的来说，只要你能够有意识地享受自己的每一餐，而不是过于重视身上多了几斤肉，那么与那些总是担心身体会多摄入一卡热量或者忧虑体重会多增加一克的人相比，你的生活和身体都会更加健康。所以，科学家们建议你，一定要对每一餐饭菜都充满兴趣，带着乐趣享用你的美味。在就餐的时候全神贯注，而不是每天称一次体重。只要体重的变化是正常的，就不会对你的舒适感受造成影响。尽量穿得时尚一些，尽量能够显示出你的优势，能帮助你尽快遗忘身上多出来的几斤体重。

第七章　危及健康的因素

只要你能学会正确地与“紧张”打交道，你就能够获得真正的平静，这样你才能赠送给自己最珍贵的礼物——长寿！

只要你知道在哪些方面会白白地消耗生命的能量，你就能够防止生命的能量被迅速耗光。为此，你应该经常检查、审视自己的生活，看看你的生命能量都被浪费在了什么地方。

你要知道，生活是应该令人愉悦的，包括我们在日常生活之中，应该将一些不会引发伤害的恶习控制在理性的范围之内。如果你不对自己的恶习加以控制，那么一旦某种危害健康的生活方式变成了日常的生活习惯，你就会面临危险。

如果你能够认识到生命能量的突然性减少，你就能够更有目的地保护好自己，甚至还能从一些恶习之中，创造出有利于健康的因素。

一、吸烟有害健康

对很多人来说，一些恶习——吸烟、酗酒等，都具有双面性。它们既能给人以享受，也能给身体造成负担，进而危害健康。

很多人都习惯抽烟。据统计，在吸烟的人群中，女性大约占40%，男性大约占60%。要知道，在烟草中，含有许多对人体具有潜在危险的物质，尤其是尼古丁、焦油、一氧化碳、重金属，甚至放射性物质。

即使你不抽烟，但是如果在呼吸空气的时候，吸入过多的尼古丁、焦油、一氧化碳等物质，一样会有害于健康。例如：尼古丁大量进入人体，会导致人的肉体和精神对它的依赖性。现在，人们已经逐渐认识到了这些危害，很多国家都对烟草的生产和销售有明确的法律规定。

根据世界卫生组织的统计，全世界每年大约有200多万人是因为吸烟而死亡的。每天吸一包烟，能让人的平均期望寿命缩短7年；每天吸两包烟，能让人的平均期望寿命缩短15年。

所以，如果你想长寿的话，就要尽量避免主动或被动吸烟。当然，如果偶尔只是出于乐趣的原因，吸一两支烟，自然不会影响到人的寿命。同时，人与人的个体遗传基因的差异性，也决定着烟对不同的人体会产生不同的影响。只要你的身体素质够好，很少生病，并且身体不存在任何不利健康的风险因素，那么你对烟草危害性的抵御能力，就会比那些患有先天性心脏病或者肺部衰弱的人更强。

二、酗酒是健康的第一杀手

每天适量地喝一点儿酒，尤其是在寒冷的冬天，能够促进血液循环，保暖身体，对机体的健康是有好处的。只要你能做到饮酒适量，酒在你的体内，就能起到稀释血液的作用，还能防止心脏和血液循环方面的疾病。除了酗酒的人、孕妇，以及患有肝疾病、脑部疾病和精神疾病的人，其他人每天晚上喝一小杯葡萄酒或者啤酒，从健康的角度来说，完全没有任何问题。

但是，过度酗酒却完全不一样！酗酒必然会对人体的各器官造成损害，促使人体机能过早磨损；会让人体的神经系统和肝脏过早发生病变，以及过早衰老；会让人体皮肤变得很薄，容易在皮肤上形成斑点和皱纹。一般来说，凡是精神紧张、情绪敏感，无法做到使自己正常放松的人，都是有酒瘾的。

所以，在导致身体能量亏损的所有因素中，酗酒就是其中之一。它对人体的危害，类似于吸毒和滥用药物。

三、警惕！你吃得太多了

如果你的体重超标，过度肥胖，也会明显降低寿命的期望值。根据科学家的统计，人的体重每超过标准体重的1%，寿命大约就会减少0.2岁，约少活62天。如果你的体重不是70公斤，而是85公斤左右，你的寿命期望值就会大约减少3.5

岁。当你的体重超过标准体重35公斤左右时，你提前死亡的概率就会大约增加150%。此外，体重超标还会引发各种各样的疾病。那些体重超标的人，罹患疾病的概率比起那些体重正常的人，要高出一倍左右，例如高血压、冠心病、脂肪代谢障碍、糖尿病、痛风、胆结石、内脏方面的疾病、关节病、静脉疾病、月经不调、血管栓塞、脑供血障碍，等等。

今天，不论是在高级饭店，还是在街头小馆，或者在面包店，或者在西餐厅，我们都可以看到，各种食物、糕点、饮料，都被厨师们加工得“美轮美奂”，极大地振奋着人的食欲，诱惑着人的胃部神经。书店里各种美食的书籍，也在极尽所能地打着“善待自己”的旗号，教人们如何在家中为自己烹饪美食。可是，在享受这些色、香、味俱全的食物时，可千万不要忘了，你的胃和身体对饮食的承载能力同样也是有极限的！记住，为了你的健康，一定要吃得适可而止，千万不要暴饮暴食。

科学家们通过对老鼠和其他动物的实验证明，适当的饥饿可以延长寿命。科学家们在试验中发现，那些减少了饲料定量，在一定限度内保持饥饿状态的动物，与那些被正常喂养的同类相比，寿命会延长一倍。因为动物在饥饿状态中时，生命的代谢速度急剧下降。比如：如果将老鼠的饲料供给量大约减少40%，由于体内热量减少，这些老鼠与那些正常进食的老鼠相比较，寿命延长了30%左右。科学家们通过大量的试验证明，减少生命有机体的能量供给，具有延长寿命的作用。当然，前提条件是，每日每餐摄入体内的饮食，仍然需要保持足够而均衡的营养素。

巴尔的摩国家老龄化研究所的科学家，曾经试图对人类的近亲——猿类进行研究，他们想看看能否通过减少猿类的饮食供给使之到达最长寿命。迄今为止，科学家们的研究表明，将日常饮食中的热量减少30%左右，对这些动物不但没有伤害，反而会提高它们的健康水平。此外，那些低热量饲养的动物，比起那些随意进食的同类，患病的概率更小。

这样的研究结果是否能够应用到人类身上呢？目前还没有得到进一步的证明。不过，普遍来说，那些体重正常的人，比起超重的人都更加健康。至于他们的寿命是否也更长，目前还没有更确切的数据加以证明。如果你也想用自己的身体做试验的话，请一定记住营养学家们的警告：凡是每天摄入的饮食少于1200千卡热量的人，也就是那些做禁欲式热量减少试验的人，其身体摄入的维生素、矿物质和微量元素也会更少。这样经过一段时间之后，极有可能导致严重的营养不良。此外，女性还容易患上不孕症。

所以，均衡而全面的营养饮食，能够满足身体的需要。饮食有规律，仍然是最有利于健康的。同时，这也能给你带来更多的快乐！

四、紧张的情绪，虚荣的心灵

当今，人们每天的平均劳动时间，在每日所有能够供人支配的时间中，大约只占15%。在20世纪初，人们每天的平均劳动时间，在每日所有能够供人支配的时间中，大约要占30%。如今，人们有更多的业余时间和假期。可是，在当今，罹患精神紧张性疾病和慢性病的人，却也在变多。听起来，这似乎是一个矛盾，可事实确实如此。

因为现代社会中的生活速度普遍提高，使人们产生了缺少时间的错觉。还有很多人由于过度追求事业的成功和个人目标，使得体内的能量消耗过快，很快就患上了“精力耗尽综合征”。比起那些生活节奏慢的人，他们更容易感到精神疲劳而空虚。

如果机器的运转时间过长，会加快其零部件的磨损，导致机器迅速地老化、报废。人体也是一样的道理。在紧张、疲惫的工作之后，同样需要放松和休息。一年一次的休假、每周的小憩，外出旅游，都有助于放松人体长期紧张的神经，缓解工作的压力和疲劳。

在这方面，最典型的例子是Workaholic（工作狂）现象。这是一群可以持续不停地工作的人。他们是工作狂人。在他们每天的日程中，所有的时间都被各种事务挤得满满的。他们依靠自己的辛苦和努力取得了成绩，获得了威望，而且受到了他人的尊敬和羡慕。同时，成功带来的快感和效率就像毒品一样，让他们很快上瘾，并要求他们做得更多、更完美。此时，工作已与他们的生命和生活紧密相联。他们工作已不再主要是出于谋生的需要，而是变成了一种逃避。为了逃避私生活的负担，为了逃避人生的低价值感，为了逃避内心的空虚，为了逃避对生活的恐惧，他们必须不停地工作。像这样的生活方式，使得他们付出了更为高昂的代价。虽然他们获得了大量的金钱，拥有了威望和地位，可是同时，他们体内的生命能量也正在迅速地消耗，并且他们的寿命也在不知不觉地缩短。

当生命的能量油箱已经泄漏之后，随着时间的流逝，在日常生活之中，他们慢慢也会有所感应。例如：他们可能会经常感觉疲劳乏力，缺乏能量、兴趣和热情。更不幸的是，有的时候，对工作的狂热会将这些感觉掩盖住，直到很多年后才被觉察到。可是，经过这几年的马拉松式的赛跑之后，他们的肉体和精神已经濒临崩溃的边缘。

要避免这样的情况发生，就一定要及早意识到。如果你整晚都不睡觉，如果你的生命能量已经开始透支，那么你的生命自然也不会长久。为了避免这种情况，科学家们建议：

1. 将休息的时间安排到每天的日程之中。在休息时间里，让自己什么也别做，除了进行一些放松性的锻炼。

2. 有目的地使用业余时间，促进肉体和精神的恢复。

3. 如果你的工作不是特别紧急，晚一点儿做或者挪到第二天，效率可能还会更高。在阳光灿烂的日子里，尽量到大自然中去走一走，将你的生活和工作时间安排得更富有弹性。

4. 你一定要从思想上意识到，要对疲劳的肉体与精神及时进行恢复，不要推迟，也不要试图在日后弥补。

如果想长寿，就请认真对待精神紧张这个问题。在生活中，我们有的时候会嫉妒这样一些人：他们的精神状态很好，不论精神有多么紧张，他们都不会受到伤害。但其实很多人由于生活压力所迫，为了保持身体和情绪的平静，不得不经常服用镇静剂或者安眠药。事实上，像这样的平静是带有欺骗性的，而我们往往只看到了表面现象。虽然在服用了镇静剂和安眠药之后，最终克服了紧张的状态，可是在表面的平静之下，精神仍然保持着高度的紧张状态。重要的生命能量此时已经丧失了。

科学家们发现，比起那些孤单的、喜欢独处的人，经常与家人、朋友在一起愉快相聚的人，身心更健康，也更容易长寿。这是因为，愉悦的家庭氛围、友善的朋友关系、良好的亲情，能极大缓解人体内部的心理压力，释放精神中的紧张因素，从而调理身心。

所以，只要你能学会正确地与“紧张”打交道，你就能够获得真正的平静，这样你才能赠送给自己最珍贵的礼物——长寿！这个礼物能不能得到，不是由别人决定的，是由你自己来决定的。只要你的身体和精神能够得到真正的放松，你就会发现，生活是那么的美好。你越是有意识地生活，你体内的生物钟就会走得越慢。

五、不切实际的生活目标

今天，很多人将大量的时间和精力投入到职业生涯中，为了获得高收入而努力工作。同时，他们也付出了牺牲肉体和精神健康的代价。很多人由于对生活的野心，给自己定下了难以达到的职业目标。例如：某些人的特长可能是拥有某种手艺，而不适合进行学术研究。如果他忽视自己的特长，固执地选择一条自己不具备能力的道路，必然会走到能力的极限，极大地损害健康，很快耗尽生命的能量。

所以，为了健康，我们为自己制定的生活目标，一定要切实可行。只要我们能够在生活和工作之中寻找到满足与快乐，我们的生活就会过得更轻松，疾病也会很少来干扰我们。假如我们在工作上不顺心，在生活中必须付出更大的努力，那么我们的生活就会缺少乐趣，而且会生活得很吃力，还会经常患病。所以，对父母来说，不要强迫子女走上一条不适合他们的人生之路，也不要强迫子女接受他们并不能享受到快乐的生活方式。

第八章　科学家告诉你如何才能健康长寿

从我们出生的那一刻开始，生命的能量就存在于我们的身体之中。如果你想长久保持年轻的状态，那么最好的方法就是节省能量。

随着医学的发展，人们对健康的认识越来越深入。今天，人们在日常生活中常犯的一些有害健康的小错误也得到了纠正。对于我们紧张忙碌的生活来说，这是有好处的。不过，为了健康，也不要总是轻易改变自己的生活方式。不要总是试图通过服用药物来为自己延长寿命，也不要误信广告上关于长寿药物的宣传。真正的健康取决于我们自己，取决于我们正常而健康的生活方式。

正如我们前面说过的，人体生命的时钟，并不是由我们体内的维生素、矿物质或者激素来决定的，也不是按照小时或者年来运动的，而是按照能量单位来运动的。

生命的能量不是买来的。从我们出生的那一刻开始，生命的能量就存在于我们的身体之中。如果你想长久保持年轻的状态，那么最好的方法就是节省能量。遗憾的是，很多人并没有意识到这一点，还误以为要获得青春必须依靠外界的帮助，例如美容、服用所谓的长寿药物，等等。

只要你的日常营养饮食均衡而全面，你身体的老化速度就会变慢。不过，人体能量功能的发挥，并不像在汽车油箱中灌满汽油那样简单。

我们必须全面把握好身体的营养，单独摄取某种营养物质，并不能够给我们的健康带来多大的成效。此外，每个人对营养都有独特的要求。也就是说，每个人都需要自己的“生命推进剂”，如摄取足够的维生素、矿物质和微量元素，等等。

当生命有机体由于能量消耗的速度过快而提前衰老或者磨损，我们可以尝试对身体进行“补救”。只要能及时弥补身体所缺少的东西，就能够使身体的磨损现象在一定范围内得到改善。只要你能珍惜自己的生命能量，就能舒服健康地安享生命最后的岁月，而不是在病榻上度过，疾病缠身。

在这方面，我们可以利用现代医学技术，有目的地接受专家的指导，帮助身体发挥正常的功能，延缓身体和精神的衰老。这样做是完全正确的。

一、关于激素和抗氧化剂

☆ 如何正确使用激素？

目前，在人为延缓衰老的过程中，人们最常使用的是两种激素，即睡眠激素——褪黑素、肾上腺激素——脱氢表雄酮

(DHEA)。就像我们在前面所描述的，激素是人体内能专门起某种作用的信息物质。不论身体是否需要，这些物质总是会引起一些反应。所以，在使用激素的时候，我们只能在专业医生的指导下进行，而不能擅自决定。

与维生素和矿物质相比，激素对生命代谢的干预要强得多。虽然维生素和矿物质也参与激素的制造，可是却不能产生像激素一样的作用。与维生素和矿物质相比，激素的作用更快。因此，我们应该小心地和这些高效率的生物分子打交道。

实际上，只有在身体真正需要的时候，激素才能够防止身体的衰老。要正确使用激素，就必须要有专业医生的指导。同时，关于激素的使用量，也必须在医生的指导下进行，而不能随意使用。例如：在德国，必须要有医生的处方，人们才能购买激素类药物。

当然，到目前为止，过量摄入激素对人体究竟会产生哪些影响，科学家们还没有系统的结论。

此外，激素也不适用于年轻人，除非患有激素类疾病，需要使用相关的激素进行治疗。科学家们建议，人体最好在40岁的时候，再开始服用激素。

总之，如果在你的体内真的缺乏某种激素，那么在医生的指导下，通过有目的地服用激素，可以明显改善生活的质量。

☆ 抗氧化剂——对付自由基最好的武器

在生命的自然代谢过程中，尤其是在生命机体的负荷由于生活节奏的加快而增大以后，人体内部会形成一些自由基。

自由基是一种带有腐蚀性的微粒。当我们不停地呼吸时，也会产生自由基。此时，自由基只是一种短期的“中间产品”。当生命的代谢速度因为忙碌、精神紧张、过度剧烈的体育运动而加快时，自由基也会堆积起来。另外，我们周围环境中的一些毒素、烟尘、伦琴射线、紫外线等有害物质，也会促使体内自由基的形成。人体如果患上了慢性炎症，受到了病毒感染和细菌感染或者精神过度紧张，也会产生自由基。

由于我们体内的细胞表面、脂肪酸、维生素的结构都很敏感，所以，它们会受到像自由基这种具有腐蚀性的微粒的破坏。人体的衰老也会因为这样的伤害而加快。例如：当我们身上皮肤的胶原层被破坏以后，就会形成皱纹；眼睛内会有沉积，直到形成白内障；头发毛囊中形成的色素会减少，头发会变成灰色或者无色；血管中还会出现孔洞和退化；会患上血管疾病和心肌梗死；记忆力会衰退。像一些典型的老年病，如帕金森氏病、阿尔茨海默氏病、多发性硬化症、肌营养不良、关节炎、供血障碍、中风、心肌梗死、白内障等，都是因为自由基而引发的。

要对付自由基，最好的、最天然的武器就是抗氧化剂。这些抗氧化剂主要是维生素 A、维生素 C、维生素 E 以及微量元素硒。还有所谓的植物二次代谢物，即存在于植物体内的一种有色、有味的物质。在水果和蔬菜中存在着丰富的抗氧化剂。因此，多吃水果和蔬菜，能防止氧化性的精神紧张。

如果在你目前的生活状态中，体内产生过多的自由基，那么你可以通过大量食用水果和蔬菜进行缓解。同时，努力改善生活状况也是必不可少的。

二、维生素、矿物质和微量元素的重要作用

☆ 维生素——生命之能

目前，维生素是最大众化的能帮助人保持年轻的药物。在德国，人们每年大约要花费 7 亿马克购买维生素片剂和矿物质片剂。在这些维生素片剂中，虽然各种维生素都会含有一些，但大多数维生素的剂量都很小，所以它们并不会伤害到人体健康。人们完全可以放心地购买、服用。

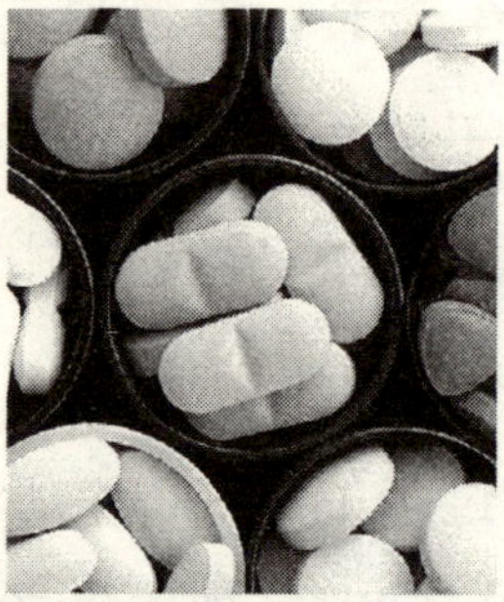

可别小看这些花花绿绿，似乎并不起眼的“药片”，它们都是人体必需的维生素。人体如果缺少了某种维生素，就有可能导致身体的不适。它是生命不可或缺的重要元素。

不过，你在为身体补充维生素的同时，一定要注意饮食多样化。多吃各种蔬菜、水果，因为它们都含有丰富的植物二次代谢物。在人体内部，这些生物活化物质能够改善因为精神紧张造成的机体磨损现象，能够让人显得更加年轻。

在下表中，我们列出了人体每日所需各种维生素的剂量，供你参考：

维生素	数量	包含在下列营养品之中（平均值）
维生素 A	1.0～1.1 毫克	300 克鲜杏，350 克汤鸡，100 克鳗鱼，10 克动物肝脏
β胡萝卜素	1.5～6 毫克	100 克煮过的胡萝卜、菠菜、花茎甘蓝
维生素 D	5 微克	100 克金枪鱼，80 克鲱鱼，70 克沙丁鱼，100 克小牛肉
维生素 E	12 毫克	21 克葵花籽油，40 克玉米胚油，90 克橄榄油

续表

维生素	数量	包含在下列营养品之中（平均值）
维生素 K	70～80 微克	60 克莴苣，10 克羽衣甘蓝，200 克豌豆，200 克紫叶甘蓝，20 克菠菜
丘脑素	1.3～1.6 毫克	100 克猪肉，75 克小麦胚，300 克大米，240 克燕麦片，150 克豌豆
核黄素	1.7～1.8 毫克	60 克动物肝，1000 克菠菜，100 克花茎甘蓝，800 克伞菌
烟酸	18～20 毫克	300 克鲭鱼，200 克鸡肉，150 克吐绶鸡肉，200 克牛肉
维生素 B6	1.8～2.1 毫克	200 克沙丁鱼或鲭鱼，200 克动物肝，200 克鲑鱼，200 克燕麦
叶酸	300 微克	40 克全麦面包片，100 克小麦面包，150 克甘蓝嫩芽，200 克豌豆，150 克羽衣甘蓝
维生素 B12	3 微克	100 克海鲑鱼，50 克鲱鱼，30 克鲭鱼，10 克动物肝，150 克牛里脊，100 克奶酪
维生素 C	75 毫克	55 克生柿子椒，100 克菜花，150 克柑橘，200 克生甜豌豆
生物素	30～100 微克	100 克动物肝，150 克大豆
泛酸	6 毫克	70 克鲱鱼，100 克动物肝，150 克绿豆，230 克美味牛肝菌

随着年龄的增长，人们在某些方面对维生素的需求还会增加。因为当生命有机体衰老以后，体内的肠胃黏膜功能会减退，难以再从营养饮食中摄取更多的物质。此时，就必须通过

大量服用身体缺少的维生素和矿物质，来保障对身体的供给。所以，用相应的维生素片剂和矿物质片剂来补充人体所需，是很有意义的，并且能够促进机体的健康。同时，人们还可以通过服用维生素，缓解精神的紧张，尤其是在极度紧张之中，以及在身体遇到病毒感染危险的时候。

☆ 不可或缺的矿物质和微量元素

在所有植物和动物机体之中，矿物质属于无机组成部分。在生命有机体的内部，矿物质并不能够自行产生，而必须从外部环境中摄入。在生物所有的生命过程中，矿物质都会起作用，并扮演着重要角色。例如：人体骨骼和牙齿中的主要物质是钙，它是身体结构中的必需物质，而且是必不可少的支撑物；在人体神经脉冲的形成和传导之中，钠、钾、钙也都是必不可少的。在大约300多种酶中，锌也是必不可少的组成物质。有了它们，体液既不会呈酸性，也不会呈碱性，而且人体组织看起来会更加“丰满”。根据矿物质在人体中所占的份额，人们将它分为宏量元素和微量元素。宏量元素包括钙、钾、镁、钠等，微量元素包括铜、锌、锰、钴、钼、硒、碘、氟等。

在下表中，我们列出了人体每日所需各种矿物质的剂量，供你参考：

宏量元素	数量	包含在下列营养品之中（平均值）
钙	800～1200毫克	500克牛奶，140克莫察雷拉奶酪，90克埃丹红壳奶酪，80克埃曼塔尔奶酪，50克帕尔马奶酪，400克羽衣甘蓝
钾	1000毫克	400克茴香，300克菠菜，300克橙汁，400克香蕉
镁	350～400毫克	180克小米，200克马齿苋，250克白豆，150克大豆，矿泉水
钠	2000～3000毫克	所有烹调的食物中都含量丰富
硅	20～30毫克	10克燕麦片，20克大麦粒，30克欧芹
磷	800毫克	150克帕尔马奶酪，150克熔化了的奶酪，450克鲑鱼，250克白豆

在下表中，我们列出了人体每日所需各种微量元素的剂量，供你参考：

微量元素	数量	包含在下列营养品之中（平均值）
铁	10～12毫克	120克动物肝，300克小牛里脊，300克兔肉，180克燕麦片，400克草莓
锌	15毫克	10克牡蛎（可食用部分），140克埃丹红壳奶酪，200克动物肝，350克牛肉（肌肉），120克小麦胚
碘化物	180～200微克	25克鱼肝油，100克海鲑鱼，80克黑线鳕，300克鲭鱼，150克虾或贻贝
氟化物	1.5～4.9毫克	200克鲑鱼，300克鲱鱼，500克土豆
铜	1.5～3.0毫克	120克牡蛎，40克动物肝，180克小米，50克可可豆，150克全麦面包

续表

微量元素	数量	包含在下列营养品之中（平均值）
锰	2.0～5.0 毫克	150 克高压处理过的大米，100 克欧越橘，200 克越橘，8 克红茶，50 克小麦胚
硒	20～100 微克	200 克动物肝，200 克鲽鱼，80 克龙虾，100 克牡蛎，150 克全麦面包
铬	50～200 微克	100 克全麦面包，200 克玉米，100 克硬奶酪
钼	75～250 微克	120 克小麦胚，200 克玉米，150 克燕麦片

人的年纪越大，对这些物质的需求就越大，依赖性就越强。因为人体随着年龄的增加，慢慢变老，最后已难以再从营养饮食中摄取这些物质。此时，就需要依靠药剂进行补充。因为这些矿物质都能在水中溶解，所以，很多矿物质被摄入人体之后，又被排泄出去。

今天，不论是药店还是超市，我们都能够在货架上找到许多不同品牌、不同生产厂家、不同售价的“特殊药瓶”，里面装的是对人体无毒无害、消费者不需要医院医生的处方就能购买的“药丸”或者“片剂”，它们的主要作用就是补充人体的各种微量元素。

但要注意的是，有时候，过量服用一些微量元素可能会让人中毒。所以，在服用这些物质时，在剂量上一定要非常慎重。最好严格遵照医嘱或者包装上的说明服用。过量服用还可能会导致别的一些不良后果。因为在人体之中，肾脏是负责排泄的，所以，过量摄入会增加肾脏的排泄负担。

☆ 造成人体缺乏维生素和矿物质的主要原因

1. 劳动负担大，经常生气、悲伤，以及失恋引起的精神紧张和生命代谢失常。

2. 药物中毒、环境中毒、食物中毒给身体造成的影响。

3. 营养饮食不均衡、不全面；日常饮食的价值低，经常吃快餐、成品菜肴或者减肥食品。

4. 由于某种恐惧心理而回避一些重要的营养食物，像各种鱼肉等。

5. 由于职业原因，造成日照时间过长，像建筑工人、船上工作人员、运动员等。

6. 由于肠胃疾病、胰腺功能减弱而造成营养吸收不良，从而引发的全身性疾病。

7. 由于妊娠、年迈给人体带来的影响。

8. 过度酗酒，损伤肝脏。

9. 由于感染、肿瘤、精神紧张、竞技体育、手术等原因造成的能量消耗。

10. 由于服用泻药、脱水剂、抗痉挛药、抗生素、避孕丸等给人体带来的影响。

虽然相对来说，矿物质和维生素对人体没有太大的害处，但它们也并不是在人体内孤立地发挥作用。在人体的整个代谢网络中，它们是其中的一部分。就像我们在打开一个开关时，同时也会打开其他一些开关。所以，尽管维生素和矿物质对人体没有什么害处，但是我们在服用的时候，也不能毫无顾忌。如果过量服用，同样会给身体造成不必要的负担，尤其是对于那些敏感的人和病人。也不要自作主张去超市购买维生素药物和矿物质药物。在购买之前，最好能向专业医生咨询。并且最好先在正规的医院里查验一下血，看看在你的身体之中，究竟缺乏哪种物质，避免盲目补充各种维生素和矿物质。这样，你就能有效地延缓衰老，并使身体健康趋于稳定。

当然，这并不意味着我们在服用维生素和矿物质的同时，过一种“粗心大意”的生活。事实上，很多人，尤其是年轻人，体内之所以缺乏维生素和矿物质，主要是因为他们不注意自己的身体，盲目减肥，导致营养不良，或者工作过于劳累导致休息过少造成的。

总的来说，要保持身体的健康，延缓衰老，就应该从病因上着手加以改善。与其等到身体缺乏某种物质再开始补充，还不如提前防患于未然。这样做显然要省钱得多，也有效得多。

要知道，如果我们烹饪的方法不正确或者不恰当，会造成维生素的损失，致使食物含有的维生素受到破坏。

在下表中，我们对于在各种不同的烹饪方式中，维生素的损失情况作了说明，供你参考：

维生素	煮时的最大损失（%）	烤和煎时的最大损失%（＊表示无数据）	对光的敏感度 X：敏感；XX：很敏感；—：无影响	对空气中氧气的敏感度 X：敏感；XX：很敏感；—：无影响
维生素 A	40	＊	XX	XX
β－胡萝卜素	30	＊	XX	XX
维生素 D	40	＊	X	XX
维生素 E	55	＊	X	XX
维生素 K	5	＊	—	—
维生素 B1	80	20－40	X	X
维生素 B2	75	10－20	XX	—
烟酸（维生素 B3）	70	10－30	—	—
维生素 B6	50	0－40	XX	X
维生素 B12	＊	＊	XX	X
叶酸	100	＊	—	—
泛酸	50	20	—	—
维生素 C	100	＊	X	XX
生物素	60	＊	＊	＊

那么，我们应该如何正确补充体内的营养物质呢？科学家们建议如下：

1. 经常对身体进行自我检查。每个人的生命代谢都具有自身的特点，而且衰老的速度也因人而异。人体内，自我调节系统发挥效率的时间越长，就越能延缓人体的衰老。或者前往正规医院，请专业的医生为你检查一下体内的代谢功能。如果你的体内缺乏某些营养物质，就遵照医生的嘱咐，服用相应的药物进行补充，包括维生素、矿物质以及激素类药物。维生素A、维生素B12、维生素B6、叶酸、维生素D、维生素E、铁、铜、镁、硒、锌、谷胱甘肽、脱氢表雄酮、睾丸素、雌激素等，都能够帮助延缓人体的衰老。而且我们知道，在人体内部，这些物质的数量对于身体的衰老程度以及身体的舒适感，都会产生影响。只要适当补充体内缺乏的营养物质，就能恢复年轻时候的活力，并且使身体的舒适度得到明显的改善。

2. 经常检查一下你每天的营养饮食，看看你在每一餐中，是否摄入了足够全面而均衡的营养，像水果、蔬菜、全粒谷物、奶制品等。并且在购买、储存、加工食物的过程中，一定要尽量避免营养流失。

3. 在遵照医嘱购买营养类补充药物时，一定要购买正规的品牌，尤其是那些植物萃取物。最好能够直接在医院或者正规药店中购买。

4. 在服用营养类药物时，一定要遵照医嘱或者仔细阅读包装上的说明，按量服用，不要超量。

5. 如果你选择购买的是多种维生素制剂，一定要注意，在制剂中应该包含像生物素、维生素B12、叶酸这样的重要维生素。

6. 尽量不要长期服用某一种营养物质，那对健康是有害的。

7. 如果你的身体已经在较长时间内存在问题，那么，千万不要尝试自己补充营养物质，而应该请教专业的医生。

三、正确使用抗衰老药品

今天，我们在零售药店中，能看见各种各样的药剂。其中有一些药剂，是对人体衰老过程具有积极影响作用的植物萃取物，也就是所谓的抗衰老药物。

毫无疑问，这些被摆放在药店中售卖的药物，对人体具有积极的作用。不过，前提条件是，它们必须是被药品检验机构检验过的、被认可的、对人体健康无害的产品。

不过，真正能够让人返老还童的药物恐怕是不存在的。在药理学的研究领域中，恐怕这只是一个很难实现的目标。但是，现代科学技术的发展，对于解决人类的衰老问题，却是有积极意义的。今天，科学家们已经发现，在自然界中存在着的许多化学物质，其实都可以延缓人体衰老和死亡的时间。因为这些化学物质，可以对人体机能过早的磨损，以及对人体机能的衰老现象进行修复，还可以在一定程度上预防或者延缓人体机能的衰老。在这些药物中，既有在紧急情况下用来挽救生命的传统药物，例如人体在心肌梗死时用于稀释血液的药物、止痛片或者抗抑郁药物，也有能够提高人的身体和精神效能的药物。毫无疑问，这些药物都可以改善并提高老年人的生活质量。用来加工这些抗衰老药物的植物性物质，主要是部分含有维生素、矿物质、微量元素的大蒜、洋葱、人参、蜜蜂花、缬草、山楂、小麦胚、槲寄生、金丝桃、刺柏、墨角兰，以及七叶树的萃取物。在它们中，有一些植物，如蜜蜂花、缬草、山楂、槲寄生，也含有少量的褪黑素。褪黑素有利于人体的睡眠和机体功能的恢复。下面，我们向你介绍几种能帮助人体延缓衰老的“药物”。

大蒜 有延缓人体衰老的作用，这一点很早以前就被人们认识到了。现代科学的研究，也早已经证实了这一点。古代的埃及人和罗马人，就经常用它来治疗各种各样的病痛。今天，科学家们已经证实，大蒜制剂类药物，对于人体血液的流动性，具有积极的影响。因为大蒜能够稀释血液，降低血压，还能有效分配血液中的脂肪。所以，它能帮助预防各种冠心病，例如动脉硬化、心肌梗死，等等。不过，在服用大蒜制剂类药物时，每天的剂量应该不超过4克。因为大蒜吃得过量，也同样会让人感到不舒服。这不仅是因为大蒜有很强烈的气味，而且它对皮肤也有刺激作用，还会导致腹泻、血压下降、肾功能障碍，甚至诱发哮喘。有的时候，大蒜还会让人出现恶心、呕吐、过敏的现象。在很多抗衰老药物中都含有大蒜，而且今天，它还被制成具有相同作用的、没有气味的胶囊出售。在我们的日常营养饮食中，多吃一些大蒜对健康是有利的。

阿姆里特－卡拉什 这个名字对我们很多人来说，可能都不熟悉。它是一种具有特效的抗氧化剂，在印度的许多药店里都可以买到。它是在印度医学药物中经常被提到的一种据说能够让人返老还童的传统药物，主要成分有喜马拉雅山草药、果实、矿物质等。它能够刺激人体的抵抗力。在寒冷的季节里，持续一个月或者数月使用它，对预防各种传染病，增强人体对紧张状态的承受能力，具有良好的效果。这种药物可以被当做果酱，兑在牛奶或者茶水中服用。在两餐之间服用，每天服两次，每次一茶匙；或者每天早晚各一次，将它作为片剂吞服。印度医生经常建议人们使用它作为强身剂和返老还童的药。

人参 主要生长在中国和朝鲜。它是一种草本植物，类似于银莲花的根。在人参中，主要含有类固醇衍生物，这种物质的作用类似于人体产生的性激素。在传统中医里，它被当做一种珍贵的灵丹妙药，被作为一种补品，被用来延长生命，激发性机能。人参能够活化人体内部蛋白与核酸——基因的组成部分的代谢，能够使人体疲劳的细胞得以振奋。此外，根据瑞士科学家们的研究发现，人参还可以激活人体的免疫系统，因为它能够把作好了防御准备的人体细胞，尤其是天然“杀手细胞”、B型和T型淋巴细胞“武装”起来。此外，科学家们还发现，它能够将人体的耐力提高3%左右。人参中所含的物质，还能够优化肌肉对能量的获取。在体育运动中，人参并不被当做兴奋剂。所以，许多运动员都服用人参。当然，对于那些几乎没有锻炼过或者很少锻炼的人来说，人参增强体能的作用表现得更为明显。人参还能增强人体的记忆力和注意力，改善胃口和睡眠质量，并且有助于提高人的情绪。它还能够增强身体对外界气候变化，以及紧张刺激的适应能力。正因为如此，当人体的免疫系统功能变弱时，或者在遭遇了病毒性感染之后，服用人参会具有明显的效果。

科学家们还发现，对于那些患有呼吸道疾病的患者来说，如果每天服用200毫克人参，那么人体的肺脏功能将提高10%～15%，而在人体血液中，氧气的含量大约可以提高20%。人参还能让血液变稀，减少血液的凝结，并刺激人体的造血功能，还可以降低胆固醇。所以，在所有抗衰老的药物中，人参具有重要作用，并占有稳固的地位。

化学物质 指在抗衰老的化学药物中，那些对人体记忆力和脑功能都具有重要作用的物质。为了抑制因为衰老而造成的健忘，人们服用的大多数都是大脑中必需的信息物质，或者是这些信息物质的前阶段产物。不过，在服用这些化学物质前，必须有专业医生开的证明，并且在服用的过程中要严格遵守医嘱。因为它们可能会影响到身体的代谢功能。

四、酸奶和其他延缓衰老的重要食品

如今，酸奶在超市里已经很常见了，并且成为我们每天营养饮食中的重要内容。酸奶能帮助我们延长生命，保持青春。

在很早以前，生活在巴尔干半岛和亚美尼亚地区的人们，发现可以通过细菌，对变稠的牛奶进行发酵，然后制成一种特殊的饮品，这就是酸奶。科学家们还发现，生活在保加利亚地区的人们和其他的巴尔干居民，平均寿命都很高，而在他们的日常饮食中，都离不开酸奶。

或许酸奶并不是让人长寿的决定因素，不过它确实是一种珍贵的营养品。它能够对人体肠道细菌施加有利的影响。肠道是人体重要的免疫器官之一，具有排毒和解毒的作用。因此，所有能够保持肠道健康的产品，都能够促进人体的健康，并延长人的寿命。尤其是天然酸奶，对人体的好处是不言而喻的。不过，在食用酸奶的时候也要注意量，不要过量食用。因为酸奶中通常含有大量的糖，而过多的糖，对人体健康可能会有负面影响。

此外，在酸奶中还含有蛋白质和大量维生素、矿物质，尤其是含有钙。所以，每天坚持食用一定量的酸奶，能够为身体提供重要的结构物质和功能物质。

在原生物性酸奶中，还含有活性乳酸菌，对人体肠道的细菌具有积极的影响。

除了酸奶，其他能够帮助人体延缓衰老的食品还有含纤维素丰富的全粒谷物、各种蔬菜、土豆，等等。所以，营养学家们建议，在每天的日常饮食中，除了基本饮食，还应该大量摄入含纤维素多的食品。这样，人们既能保证日常饮食中的营养，也不用花太多的钱。

五、中医里的长寿奥秘和其他疗法

今天，传统的中国医学越来越受重视，而且在全世界都得到了承认。在身体的日常保健方面，中医的地位和作用不可低估。在中医里，有许多能够帮助人体缓解压力、延长寿命的秘方。在这些秘方中，除了借助草药养生，还包括经络的拍打、按摩，针灸的治疗，刮痧等。

你可能会注意到，在我们身边有很多人都时常处于一种精神紧张和生命能量匮乏的状态，而且这种状态，通常又不能依靠药物彻底解决，要得到根治，往往需要寻找其他一些治疗途径。事实上，这样的状态正在暗示我们，问题的根源在于生活方式。我们的生活都太紧张了，我们的工作都过于忙碌了，我们的身心专注于赚钱、买房、买车，我们的精神集中在名利和地位之上，以至于我们忽略了身体最基本的需求和感受。

在中医里，我们提倡养生，并且提倡按春天、夏天、秋天、冬天不同的季节、不同的物候进行养生。春天、夏天讲究生发，秋天、冬天讲究收敛、收藏。在中医里，寒冷的冬季不主张剧烈的运动，不主张人体消耗过多的体力；而在春天，则建议人们走到户外去，呼吸更多的新鲜空气，体会大自然蓬勃的生机。这其实就是在教导人们如何节省生命的能量，保持生命旺盛的能量流。节省了能量，也就延缓了衰老；节省了能量，生命自然就能够延长。

中医学还认为，人体要健康，就要维持体内的阴阳平衡，保持人体穴位和经络的通畅。当身体的某个部位感到疼痛时，通常是由于经脉不通造成的。此时，就需要疏通经脉。对经脉的疏通可以借助拍打、按摩或者用针灸的方法刺激相应的穴位。刮痧也是中国医学中的一种传统疗法，它其实是与人体的经脉和穴位结合在一起的。当人体一些部位发生了阻塞之后，通过刮痧，能排出阻塞之处的毒素，促使经络畅通。经脉和穴位畅通了，生命有机体内的能量流动的线路自然也就畅通无阻了，能量能够在体内顺畅地流动，人体内部的阴阳自然也就平衡了。而阴阳的平衡实质上就是体内能量的平衡。

此外，在延缓衰老、促进人体长寿的道路上，科学家们还挖掘出了许多其他的有效方法，例如使用氛围物溶液。所谓氛围物溶液，这是一种有颜色、有香味的综合疗法。它是在精油、水、酒精等基础上，包含有某种植物或者矿物成分的一种溶液。在使用的时候，将它们涂抹到皮肤上，使它们被人体皮肤吸收，或者通过人体的呼吸被吸收，以此用来制造出一种“特殊”的氛围。在氛围物溶液之中，人体能够重新寻找到通往内心平衡的途径。当然，它并不能够代替专业医生的治疗。

氛围物溶液能够对一个人的理解力和精神力施加作用与影响。例如：它能够让一个人的内心情感更加开放，能够帮助一个人有效地解决能量受到阻碍的问题。同时，它还能帮助一个人更好地理解在自己生活之中从来没有被理解过的事物，帮助一个人放弃已经不合时宜的情感模式与行为模式，等等。这样，人体就能够有效地克服某种病态，能够彻底远离恐惧不安或者受惊的状态。

在这种治疗方法中，你可以根据自己对颜色和香气的喜爱进行选择。所以，它适合自我治疗。实际上，这种治疗方法，主要就是通过颜色和香气起作用的。

今天，当身体和精神紧张疲劳之后，你可以选择前往一家美容会所，做一做香薰并按摩全身。你会先被带领着去沐浴，将全身清洁干净，然后被引导着俯卧在一张舒适的按摩床上。这时，有经验的专业按摩师会把你喜欢的精油轻轻地涂抹在你的身上，然后用专业的手法缓慢地替你按摩身上的穴位和经络。在精油的氛围和舒适的按摩中，你的神经会慢慢松弛下来，并进入睡眠状态。

你还可以自己尝试一下，用水、某种精油（如柠檬精油）、酒精，与某种植物（如玫瑰花瓣）或者矿物质成分混合在一起，制作成氛围物溶液，尝试着涂抹在你的皮肤上，深吸一口气，沉浸在它的香气和颜色之中，慢慢地放松你的神经，释放出你体内的紧张情绪。相信这会使你受益匪浅。

六、延长生命能量的物理疗法

今天，很多科学家都相信，生命是通过人体内部的能量进行控制的。而人体内部的能量，是沿着一定的路线流动的，并决定着人体的内脏器官是否能够发挥良好的作用。在流动的过程中，能量能够抵达人体的每一个细胞、每一个组织和每一个器官。所以，能量也被称之为“生命力”。

根据传统的中医理论，在人体内部，存在着经脉和穴位。只有在经脉和穴位通畅的情况下，能量才能流动起来。所以，一旦能量的流动在经脉和穴位中遇到了障碍，就必须对存在问题的经脉和穴位进行处理。可以通过刺激穴位，使被阻碍的能量得以释放出来，这样就能恢复健康，减轻病症。

医学治疗中的“反射疗法”就来源于这一理论，并且在今天已经得到了全世界的普遍承认。这也就是说，如果身体的某个部位患有疾病或者疼痛不安，那么对与这些部位对应的反射区域进行按摩或者穴位刺激，就能够有效地治疗疾病，缓解疼痛。在反射疗法中，使用得最广泛的是对足底反射区的按摩，以及打通人体的经络。

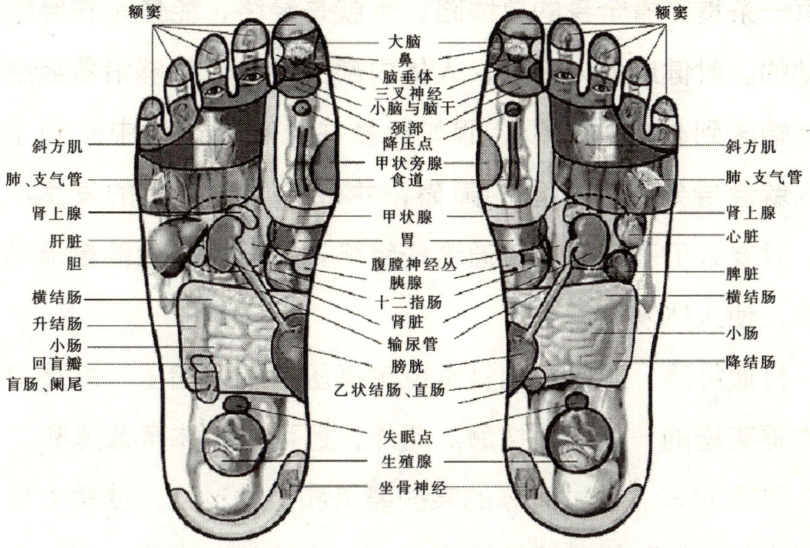

右足反射区　　左足反射区

人的足底不但有许多穴位，而且足底可以被细分成很多区域。它们分别与人体的各内脏、各身体部位以及大脑中的区域相对应。所以，足底按摩是建立在足底反射的理论基础之上的。通过按摩足底相应的穴位和区域，可以同时对身体与之相对应的区域起到保健作用。足底按摩实际上是一种“反射疗法”。

对足底反射区进行按摩的理论主要是，在人体足底的每一个区域，都有与之相联系或对应的内脏器官等。只要按摩相应的区域，那么通往内脏器官的能量流就能够恢复正常，从而为治愈疾病提供条件。这种按摩方法并不复杂，即使在家里都可以实施，你甚至可以自己为自己按摩。

打通经络理论的主要内容是，根据中国传统医学，人体内部有一条贯穿着全身的总线路，也就是经络，能量是在经络中流动的。对健康的人来说，人体内部的能量，能够沿着经络适当地输送到相应的部位。假如能量在流动的过程中受到了阻碍，就会导致器官功能的障碍，并最终导致疾病的发生。此时，只要人们有意识地打通这些经络，就可以排除能量流动的阻碍，使人体恢复健康。

打通经络，可以借助针灸或者指压。所谓指压，就是对能量中枢实施的一种压力按摩。此外，还可以将体育锻炼和“修炼”结合起来。通过身体的某些姿势和运动过程，使精力集中在感官的控制和能量流的协调之上。像瑜伽、太极、气功，都可以帮助达到这一目的。而且在当前，瑜伽训练班、太极培训班、气功培训班都很普及、常见。通过这些“修炼”，能够使人的自我感觉意识得到加强，能帮助我们更好地将身体和灵魂统一起来，能帮助我们学习如何小心地使用自身的能量资源。这些“修炼”式的体操形式，还能有效地减轻身体内部的紧张程度。

在日常生活中，如果能够有规律地进行这些练习，就能使生活处于较低的紧张水平上。只要你能将这样的练习作为日常生活中的一部分，你就会大大节约生命的能量。

七、建构和谐的生活价值观

日本人通常把自己对于体内能量的想象，与神道和佛教的宗教传统紧密联系起来。在这里，人们能够做到有意识地对能量进行处理，使得身体、精神和灵魂的潜力都得到开发，并且能够达到最佳的领悟能力。

人是自然界中的一员，被当做大自然中的一部分。在人体内部流动着的能量，也是宇宙中的能量，而且它受气候、营养物质和精神因素等方面的影响。

如果你能够与自身周围的环境协调，那么，在你身体中的能量就可以不受阻碍地流动，并最终促进身体的健康和精神的强大。相反，如果你的生活违背了自然规律，你体内的能量就有可能被阻断，你的身体和精神就可能罹患疾病。所以，根据生命能量的理论，只要你能节省生命的能量，你身体内部的能量系统就是协调的，就犹如一台被调整到最佳状态的发动机。

在日本，有一个名叫禅园的地方。它是以佛教为背景产生的，为人体自然能量流理论的建立，作出了重要贡献。这派理论认为，只要你能够专注于一种事物，你就能够找到身体自然力量源泉的通道。

在传统的日本医学中，也可以见到这种思想。根据这一理论思想，人体生命的能量存在于腹部，即肚脐下三指宽处的一个点上。人体所有的生命过程都是从这里出发并进行展开的。所以，要恢复或者增强体内能量的流动，就应该想办法让腹部变得更有力量。腹部越有力，越能够推动能量的流动。这样才会促进健康。

那么，我们具体应该怎么做呢？科学家们建议：冥想——转动腹中的能量球，不断刺激腹部，并使能量得以保存。这个练习，特别适用于那些经常感到身体乏力、疲惫，需要更多能量的人。另外，在做这个练习时，一定要有意识地专注于你的下腹。具体步骤是：

1. 两腿直立，双腿微微分开，肩自然下垂，双臂放松下垂，膝盖略微弯曲。

2. 两手放在骨盆前，手掌心朝上，五指分开，十指之间略有接触，并保持两分钟左右，同时想象在你的两手之间，有一个能量球在不断地增大。

3. 慢慢通过鼻子吸气，用嘴呼气，并且慢慢转动腹前两手中的能量球，同时双手张开向上运动，想象着能量进入你的腹中。

4. 双手向上到达肋骨前时，使能量球的背面再经过腹部向下运动，并回到出发时的位置上，即骨盆前，然后双手在下托住能量球，保持一小会儿，再重新转动能量球。请将这一练习重复30次。

5. 想象能量球在你的下腹中，收缩成一小团火。

6. 用力抖动双手。此时，你会感受到清新，并使身体和精神的疲劳得以消除。

下面还有一个练习，可以帮助你的身体和精神得到放松，缓解紧张压力。

笔直地坐在一张舒适的椅子上，两眼半睁开，静坐20分钟左右。安静地感受环境和你的思想，感受着你的思想如同鸟儿一样飞过。不过，你不要对此进行任何评价。刚开始时，这个练习可能会让你感到不安，而且20分钟似乎是一段非常漫长的时间。但是，只要你每天坚持练习，你就会发现，你将不会再为日常生活琐事耗费一些不必要的力量和能量，而且在很多环境中，你都会比以往更加平和。

八、充分调动人体的健康潜能

在这本书里，我们提出的生活方式，是为了能够帮助你获得身体的健康，感受精神的舒适，并且引导你懂得珍惜生命能量的各种方法。这本书中所有的内容，你不必全盘接受，你可以从中选择最适合你的，或者选择适合你对生活想象的那些方法。为了节省生命的能量，哪怕你只对自己的生活方式做小小的调整，也是值得一试的。

但是，如果医生对你的健康提出了不同的建议，你最好能够遵照医生的建议去做。此外，当你的身体出现了下列症状时，建议你一定要前往正规的医院向专业医生求教：

1. 你长时间出现头痛和头晕的现象。

2. 你患有肠胃疾病，并且肠胃疾病总是反反复复、不断地发作。

3. 突然发现自己便血或者尿血。

4. 发现自己的皮肤正在发生某种变化，而且这种变化极不正常。

5. 经常咳嗽，而且在咳嗽的时候，有时伴有呕吐物。

6. 体重突然发生变化，比如突然变得很肥胖或者突然变得很瘦弱。

7. 发现自己的身体出现了不明原因的肿胀或者结节。

8. 长期感到身体疲劳乏力。

9. 长期感到身体疼痛。

10. 有睡眠障碍，总是睡不好、失眠、夜里多梦、时常惊醒或者难以入睡，等等。

附录一

人体衰老检查

每个人身体的衰老过程和速度都不一样，主要是由不同的遗传基因决定的。不过，如果你还很年轻，可是身体就已经出现了明显的衰老迹象，那么就应该前往医院，好好检查一下自己生命的代谢功能。或许是你体内的代谢功能发生了问题。

下面，我们列出了一些条目，能够帮助你自己检查半年以来，你的身体上出现了哪些明显的衰老迹象。请仔细阅读下面的评估标准：

1. 你发现自己的生命活力正在消失，越来越弱。

2. 你的皮肤失去了弹性，而且变薄了。

3. 你的面部皮肤和手上皮肤，都出现了棕色老年斑，而且皮肤变红，老年斑越来越多。

4. 你身体的关节活动能力降低，骨骼似乎变脆，很容易骨折。

5. 你全身皮肤上的皱纹都在增加。

6. 你身体的肌肉越来越松弛。

7. 你的皮肤变得越来越干燥。

8. 你突然发现自己脱发，而且头发掉得很厉害。

9. 你的呼吸短促，而且呼吸越来越吃力。

10. 你身体感觉器官的功能正在明显衰退。

11. 你的肠胃消化不良，经常肠胃不适。

12. 你的体重突然增加，你变得肥胖。

13. 你的精神越来越烦躁不安。

14. 你在夜晚开始失眠，睡眠时间越来越少。

15. 你的抵抗能力越来越弱，很容易感染疾病。

16. 你的精神感到郁郁寡欢。

17. 你对生活开始怀有恐惧感。

假如你在最近半年以来，身上出现了上述3种或者3种以上的特征，并且你的年龄还不到50岁，那么你应该马上放下手中的一切事务，前往医院仔细检查，并仔细审视一下你的生活，看看在生活中，有哪些因素正在导致你迅速衰老。

附录二

人体衰老的主要因素

尽管人体衰老的过程在很大程度上是由遗传因素决定的，但是其他一些因素也会加速身体和精神的衰老。这些导致人体衰老的主要因素是：

1. 经常性地吸烟。

2. 体重超重。

3. 生活和工作过于紧张与忙碌。

4. 从事竞技体育方面的职业或者经常从事竞技体育运动。

5. 错误或者不良的营养饮食结构，以及由此导致的营养不良。

6. 睡眠不足。

7. 长期处于工作压力之中。

8. 对生活感到无聊，缺乏乐趣。

9. 周围环境中存在的毒素对身体的影响。

10. 繁重的体力劳动。

11. 休息时间过少。

12. 缺少伙伴和朋友，经常感到孤独。

13. 长期受精神方面的困扰，如抑郁、紧张、恐惧、不安，等等。